내가 나에게

내가 나에게

초판 1쇄 발행 | 2017년 8월 9일

지은이 | 황더후이
옮긴이 | 오혜원
펴낸이 | 엄지현
기 획 | 조윤서
마케팅 | 권순민·오성권·강이슬
표 지 | 롬디(Feather Image Designed by Sketchepedia / Freepik)
내 지 | 롬디
제 작 | 조종열
인 쇄 | 영신사
발행처 | (주)인사이트앤뷰
등 록 | 2011-000002
주 소 | 서울시 구로구 경인로 661
전 화 | 02) 3439-8489
이메일 | insightview@naver.com

ISBN 979-11-85785-34-9 03180

값 12,000원

내가 나에게

삶을 꿈과 용기로 바꿔준 35가지 가르침

황더후이 지음 · 오혜원 옮김

인사이트앤뷰

속상하거나, 절망감이 밀려올 때
꼭 이 책을 펼쳐보라!

그리고 내게 속삭여라.

"나는 내 삶을 바꿀 수 있어. 내가 원한다면 말이야."

나를
만나는
순서

넷 **사랑이 떠난 나에게**

다섯 **삶이 힘든 나에게**

하나

미래가
두려운
나에게

"
꿈이 많던 시절의 나를 먼저 찾아라. 희망, 열정, 꿈을 다시 기억해내라.
"

1.

호기심과

행복

• • • • •

가끔은 과거로 돌아가 이전에 했던 일들을 생각한다.

그러다가 '이렇게 했으면 좋았을걸' 하며 후회한다.

하지만 그 누구도 과거로 돌아갈 수 없다.

한번 지나간 시간은 다시는 돌아오지 않는다.

나이가 들면 점점 환경에 얽매여 열정을 느끼지 못한다.

하지만 다채롭고 행복한 삶은 사라지지 않는다.

다만 내가 초심을 잃었을 뿐이다.

그러므로 초심을 되찾아 호기심 어린 눈으로 세상을 보면 된다.

그러면 고정관념에 사로잡히거나 현실에 얽매여 사는 삶을 살지 않

게 된다.

행복한 삶은 호기심에서 시작된다.

• • • • •

어린 시절의 나를 생각해보자.

눈부신 아침 햇살에 잠이 깨면 세계라는 톱니바퀴가 다시 움직였다.

오늘도 놀라운 일이 벌어질 것 같은 기분이 들었다.

모든 일에 호기심이 일었고 모든 일에 열정이 가득했다.

나는 언제나 활기가 넘쳤고 새로운 세계가 궁금했다.

하지만 지금의 나를 보라.

온종일 자질구레한 문제에 부딪히고 만성 피로에 시달린다.

그러다가 즐거운 일 하나 없이 하루를 마무리한다.

긍정심리학자인 마틴 셀리그만*Martin Seligman*은 다섯 살 이전 아이들은

내일에 대한 희망으로 못 말릴 정도로 낙관주의자라고 했다.

그는 자신의 이혼 과정을 이렇게 설명했다.

아이가 매일 물었다.

"엄마랑 오늘은 잘 지낼 거죠, 내일도 그럴 거죠, 곧 사이가 좋아질

거죠?"

그는 아내와의 관계를 돌이킬 수 없다는 사실을 분명히 알고 있었다.

하지만, 다섯 살짜리에게 '불가능'을 설명할 길이 없었다.

아이는 어떤 일에도 절망하지 않을 것이기 때문이다.

아이들은 좌절을 겪고 실망할 수는 있지만, 희망을 포기하지는 않

는다.
왜냐하면, 이 세상 어떤 일도 불가능하다고 생각하지 않기 때문이다.

하지만 아이는 자라면서 성공과 실패뿐만 아니라, '불가능'의 잔인함
도 알게 된다.
죽은 사람이 다시 살아날 수 없으며, 헛되이 보낸 시간을 되돌릴 수
없음을 알게 된다.
그러면 내일에 대한 희망보다 의문을 품게 된다.
미래에 죽음, 이별, 실패, 고통을 겪는다면 삶을 아름답다고 할 수 있
을까?
그리고 인생이 어떻게 즐거울 수 있을까?

• • • • •

"신은 내가 어린 시절을 되찾기를 기다린다."
이 말은 아이처럼 천진한 낙관주의자가 되어야 한다는 뜻이 아니다.
지혜로 아이의 마음을 되찾고, 지혜로 자기 삶을 생각하라는 의미다.
세상의 모든 경험은 상대적인 잣대에 불과하다.
이별의 고통이 있어야 만남의 기쁨이 생기는 것처럼 말이다.

경험이 아니라, 오로지 지혜만이 삶이 던지는 질문을 해결한다.
지혜는 다시 어릴 적 순수한 웃음을 찾게 한다.

순수함은 세계를 긍정적으로 바라보는 힘이다.

그리고 지혜는 두려움과 현실이 몰고 가는 잘못된 변화를 막아낸다.

● ● ● ● ●

파블로 피카소*Pablo Picasso*의 초기 작품은 매우 섬세하다.

마치 라파엘로 산치오*Raffaello Sanzio*처럼 정밀한 윤곽과 사실에 가까운 색채로 가득하다.

하지만 이후에는 한층 더 대담하고 생동감 넘치는 스타일을 완성했다.

"예전에는 라파엘로의 스타일과 비슷했지만, 나는 평생을 들여 어떻게 하면 아이처럼 그림을 그릴 수 있을지 연구했다."

피카소는 아이들만이 진정으로 그림을 그릴 수 있다고 생각했다.

아이들은 그림을 그릴 때 아름답다고 느낀 느낌을 표현하기 위해 최선을 다한다.

아이들의 머릿속은 온통 '어떻게 더 아름답게 그릴 것인지'로 가득하다.

하지만 어른들은 '어떻게 명성을 얻을지', '어떻게 전시회를 열 것인지'로 가득하다.

피카소의 말은 아이들이 순수한 마음으로 세계를 바라보듯, 사물의 아름다움에 집중했다는 의미다.

　　　　　　　하나. 미래가 두려운 나에게

성공과 실패, 잘잘못을 마음에 담아둘 것이 아니라 본질에 집중하여
과정을 즐겨야 한다.
과정에서 얻은 기쁨과 즐거움, 만족이야말로 진정한 행복이다.
그래서 지혜를 통해 삶의 희망을 되찾아야 한다.
더 중요한 것은, 고정관념에서 벗어나는 것이다.

• • • • •

아이들이 밥을 먹는 이유는 단순히 배가 고파서다.
하지만 경험과 지식은 사람의 생각을 복잡하게 바꾼다.
심지어 밥을 먹는 이유에 학문이 결합하고 심오한 이치가 담긴다.
사람들은 지식이 쌓이지만, 오히려 지식이 사고를 제한한다.

사람들은 배가 고파서 밥을 먹는다는 사실을 잊는다.
그러다 보면 밥 먹는 것 하나에도 불평불만이 쌓인다.
그러나 밥을 먹는 것은 밥을 먹는 것일 뿐이다.
그렇게 복잡하게 생각할 필요가 없는 일이다.

순수한 마음으로 세계를 새롭게 바라보라.
그러면 복잡하고 경직된 사고에서 벗어날 수 있다.
지금 처한 어려움이 곧 탈출구라는 사실을 깨닫게 될 것이다.
이것이 바로 지혜다.

66

순수함과 순박함은 매우 귀중하다.
나는 이것을 끝까지 지킬 것이다.

99

_ 대만 영화감독, 리안李安

　　　　　　　　　　　하나. 미래가 두려운 나에게

2.

내가
사랑받는
이유

· · · · ·

누구나 사랑의 본능으로 다른 사람을 사랑할 수 있다.

내가 이 세상을 살아갈 수 있는 이유는 사랑의 결실이기 때문이다.

누군가 먼저 나를 사랑했기에 나는 다른 사람을 사랑할 힘을 얻었다.

누군가 나를 사랑한 것처럼 나도 다른 사람을 사랑할 수 있다.

내가 원한다면 말이다.

어머니의 사랑이 위대한 까닭은 무조건적이기 때문이다. 어머니의

사랑은 조건을 따지는 사랑이 아니다.

인간처럼 성장기가 긴 동물은 없다.

인간은 독립하려면 적어도 18년은 걸린다.

인간이 사라지지 않도록 어머니는 더욱 위대해야 했다.

사랑을 받지 않고 성장할 수 있는 사람은 이 세상에 없다.

　　　　　　　　　　하나. 미래가 두려운 나에게

내가 한 인간으로 성장한 것은 어머니의 조건 없는 사랑 때문이다.
자식은 어머니의 일부다.
어머니는 아이가 자라 무언가 해주기를 바라지 않는다.
어머니가 자식을 키우는 이유는 사랑 때문이다.
당신 어머니의 조건 없는 희생은 당신을 사랑하기 때문이다.

• • • • •

비극은 소나기와 같다.
때를 가리거나 대상을 고르지 않는다.
누구나 언제든지 소나기를 맞을 수 있다.

오에 겐자부로ぉぉぇけんざぶろう는 노벨 문학상 수상자다.
그는 아들이 태어났을 때 머리에 이상이 있다는 사실을 알았다.
수차례의 수술 끝에 아이는 간신히 목숨을 구했다.
하지만 지적 능력이 떨어져 다른 사람의 도움 없이는 살아갈 수 없었다.
오에 겐자부로는 이 이야기를 작품에서 다뤘다.
그는 아들에게 이름을 지어주고는 어머니에게 말했다.
"아이의 이름을 가라스からす, 까마귀로 지을 거예요."

아들의 말을 듣고 어머니는 화를 내며 나가버렸다.

하지만 다음 날, 어머니는 생각을 바꿨다.

아들이 불쌍한 손자를 돌본다면 이름이 무슨 상관인가?

오에 겐자부로도 어머니께 죄송하다는 말씀을 드렸다.

"어제는 죄송했습니다. '히카리ひかり, 빛'라고 다시 지었어요."

오에 겐자부로는 이때 겪은 하늘과 인간의 충돌을 섬세하게 묘사
했다.

아들의 비극적인 운명에 혐오감을 느꼈고 아들과 함께 죽을 생각을
한 자신을 자책했다.

그는 마음속의 자아를 옥죄며 잔인하게 마주한 인간 본성을 그렸다.

부정적인 감정과 나약함을 숨김없이 드러냈다.

하지만, 사랑이 모든 것을 극복한다고 했다.

이것은 장애아를 둔 모든 부모의 비극이자 마음 깊은 곳의 진실이다.

오에 겐자부로는 자신의 경험을 생생하게 책으로 담아냈다.

책은 독자들의 가슴을 울렸고 가족과 건강의 소중함을 깨닫게 했다.

세상에는 보이지 않는 어떤 힘이 있다.

그 힘은 현실을 바꿀 수도 있고 기적을 만들 수도 있다.

그리고 불길한 '까마귀'를 생명의 '빛'으로 바꿀 수도 있다.

인간의 본성에는 이기적이고 부정적인 면이 있다.

하지만 사랑은 위대해서 반짝반짝 빛을 내 반대편도 드러나게 한다.

• • • • •

아이가 건강하든 건강하지 않든 어머니는 자식과 죽을 때까지 살고
싶어 한다.
그렇다고 해서 자기 배로 낳은 아이만 소중하다는 말은 아니다.
어느 날, 아이들끼리 어머니를 화제로 이야기를 나눴다.
그중 한 아이가 갑자기 물었다.
"입양이 뭐야?"
"입양은 말이야, 엄마 뱃속에서 크는 게 아니라 엄마 마음속에서 크
는 거야."

누군가를 늘 마음속에 두고 있는 것도 사랑이다.
세상에는 이런 사랑도 있어서 한 생명이 사랑받을 수 있다.
사랑을 체험하면 어떻게 다른 사람을 사랑해야 하는지 알게 된다.
그런 사람이 애정을 원하는 사람에게 관심을 둘 수 있다.

누구든 다른 사람의 사랑을 받는다.
보육원에서 자란 아이도 누군가 기부한 옷과 음식으로 자란다.
심지어 전쟁이 계속되는 지구 반대편에도 세계 곳곳에서 온 자원 봉
사자가 있다.
그들은 총알이 빗발치는 상황에서도 생명의 위험을 무릅쓰고 최선
을 다한다.
우리가 이 세상을 살아갈 수 있는 것은 이런 사랑이 있어서다.

누구나 사랑의 본능으로 다른 사람을 사랑할 수 있다.

내가 이 세상을 살아갈 수 있는 이유는 사랑의 결실이기 때문이다.

누군가 먼저 나를 사랑했기에 나는 다른 사람을 사랑할 힘을 얻었다.

누군가 나를 사랑한 것처럼 나도 다른 사람을 사랑할 수 있다.

단, 내가 원한다면 말이다.

66

집은 인간의 결점과 실패를 숨길 수 있는
세상에서 유일한 곳이자 행복과 사랑이 깃든 곳이다.

99

_ 영국 극작가, 조지 버나드 쇼George Bernard Shaw

하나. 미래가 두려운 나에게

3.

행동은
마음을
따른다

• • • • •

절대적으로 착한 사람과 나쁜 사람은 없다.

사람의 마음은 늘 변한다.

사람은 누구나 짓궂은 면이 있어 종종 문제를 일으키기도 한다.

교활한 사람이 아니라면 결점은 쉽게 드러나기 마련이다.

그게 사람이다.

사람들은 누군가를 볼 때 너무 자세히 살피려고 한다.

하지만 상대방도 나와 똑같다는 걸 알아야 한다.

시험대에 상대방을 올려놓고 관찰하면 결점과 악행만 보인다.

하지만 멀리서 보면 사랑스러운 모습, 선한 모습이 보이기 시작한다.

한발 더 나아가면 실수도 용서하고 부족한 면도 이해할 수 있다.

불교에서는 원만圓滿을 강조한다.

절대적인 것은 없다.

사람은 착한 일을 할 수도, 나쁜 일을 저지를 수도 있다.

사람의 본성을 알면 모든 것의 근원이 마음이라는 것도 알게 된다.

모두가 순수함과 순박함으로 돌아가 선한 마음을 되찾는다면 어떤가?

모든 일이 선을 향할 것이다.

새싹이 컴컴한 땅속에서 빛을 따라 자라는 것처럼 말이다.

선의든 악의든, 내 마음속에 자라는 생각을 잘 살펴야 한다.

선의가 있으면 나도 모르게 착한 일을 하게 된다.

하지만, 착한 일은 하고 나면 무조건 잊어야 한다.

절대 마음속에 담아 두어서는 안 된다.

무심코 저지른 잘못이라면, 반성하고 보완하면 된다.

하지만, 그렇게 하지 못하더라도 너무 자책하지는 마라.

때로는 자신을 용서할 줄도 알아야 한다.

• • • • •

착한 일은 대부분 자신도 모르게 한다.

하지만 일부러 배려하는 모습을 보이는 사람도 있다.

상대방은 빤히 보이는 행동을 금세 눈치챈다.

나의 어린 시절을 떠올려보라.

버려진 동물을 보면 다독이며 돌봐주었을 것이다.

모두가 유기동물 보호센터를 만드는 대단한 일을 할 필요는 없다.
오로지 작은 선의만 있으면 세상 모든 사람, 만물을 도울 수 있다.

오늘 한 일이 나중에 어떤 결과를 가져올지 아는 사람은 없다.
대다수가 잘못이라고 여겨도 선한 동기는 선한 결과로 나타난다.
대다수가 착한 일이라고 여겨도 악한 동기는 나쁜 결과로 나타난다.
지금 이 순간을 생각해보라.
얼마나 많은 사람이 선의를 베풀어야 삶이 행복해질까?
우리 모두여야 한다.

거리에는 양보하는 사람이 있어서 편하게 다닐 수 있다.
식당에는 정성껏 요리하는 사람이 있어서 맛있게 먹을 수 있다.
세상에는 이처럼 다양한 사람이 다양한 방법으로 선한 일을 하고
있다.
칭찬을 바라거나 월급 때문에 하는 것만은 아니다.
일로 봉사하겠다는 선한 마음이 이들에게 있다.

대가를 바라지 않는 선의는 우리를, 이 세상을 밝혀준다.
마음속에 가득한 선의가 최선을 다해 일하게 한다.
선한 생각이 마음속에 찾아오면 좋은 일은 저절로 따라온다.
음식 맛에 감동한 어떤 손님이 손을 꼭 잡을지도 모른다.
불만을 터뜨리는 손님이 있어도 크게 중요하지 않다.

최신을 다했다면, 흘려 들으면 그만이다.

• • • • •

〈법구경法句經〉에 다음과 같은 구절이 있다.
"마음은 제법諸法의 전도자다.
마음이 주인이고 제법은 오직 마음이 만들어낸다.
만약 사악한 마음으로 말하거나 행동하면, 수레바퀴가 수레를 끄는
소의 발자국을 따르듯 고통이 따를 것이다."

인간의 고통은 사악한 마음에서 나온다.
나쁜 생각은 잘못된 방향으로 이끌어 더 큰 고통을 만든다.
내 마음은 내 몸의 주인이다.
깨끗하고 선한 마음을 가지면 그림자가 따르듯 즐거움이 따른다.
마음은 즐거움과 고통의 근원이며 마음속 생각은 행동으로 나타난다.
그러므로 항상 좋은 일만 생각하고 선의로 타인을 대해야 한다.
선행은 더 많은 사람에게 긍정적인 영향을 끼친다.
다른 사람이 선의에 감동할 때 그들도 다른 사람에게 선행을 베푼다.
이것이 선의 순환이다.

때로는 마음속 고통과 슬픔을 떨쳐버리지 못할 수도 있다.
그렇게 되면 나쁜 마음을 먹게 되어 더 많은 악행이 발생한다.

악행은 다른 사람에게 미움을 받는다.

그 악행으로 누군가 피해를 보면 복수를 생각하게 한다.

복수는 죄 없는 다른 사람에게도 피해를 준다.

그래서 세상은 수많은 악의와 악행으로 넘쳐나게 된다.

이 악순환을 끊는 일은 선행보다 훨씬 어렵다.

66

사람의 마음에 어떤 변화가 생기면
하늘과 땅이 모두 알게 된다.
그러므로 선악에 응보應報가 없다면
하늘과 땅이 반드시 응보를 내릴 것이다.

99

_ 중국 소설가, 우승은吳承恩

하나. 미래가 두려운 나에게

4.
세상을 색칠하라

•••••

왜 나는 하루를 모험으로 여기지 않을까?
왜 삶에서 즐거움을 찾으려 하지 않을까?
반복되는 일도 재미있고 신나게 할 수 있다.
창의적으로 일을 새롭게 바꾸려고 노력한다면 말이다.

아이들은 창의력으로 사소한 일에서도 재미를 찾는다.
아이들은 나뭇잎이나 돌멩이만으로도 즐거워한다.
하지만 어른들은 개미처럼 일하면서 인생의 의미를 찾으려 애쓴다.
할 일이 산더미처럼 쌓이고, 아침에는 눈뜨는 것조차 힘들다.
한 가지 일을 끝내면 자질구레한 일들이 줄을 선다.
내 인생은 무한한 책임과 의무로 가득하다.

나는 나에게 묻는다.

"나는 도대체 매일 무엇을 하는 걸까?
이렇게 많은 시간과 노력을 허비하면서 이루려는 목표가 뭘까?
왜 삼시 세끼 배불리 먹어도 허영과 욕망은 끝이 없을까?
왜 모든 것이 현실적으로 변하고 돈 벌 생각뿐인가?"

스트레스는 사람들의 피를 말린다.
현실에서 채우지 못하는 욕망은 영원히 얻을 수 없는 허영을 부른다.
아이들은 사소한 일에서도 쉽게 재미를 찾는다.
나는 무엇 때문에 결과가 없는 일에 노력과 시간을 쏟는가?

• • • • •

어느 날, 아들이 엄마에게 달려와 말했다.
"엄마, 서랍 안에 물고기 한 마리를 기르고 있어요."
몹시 바빴던 엄마는 아들의 말을 신경 쓸 겨를이 없었다.
아들은 한참 동안 엄마의 반응을 기다리다가 가버렸다.

바쁜 일을 마무리한 엄마는 아들이 한 말을 떠올렸다.
그리고는 아들이 물고기를 사 온 게 아닐까 생각했다.
"물고기 물은 갈아줬니?"
그러자 아들이 고개를 저었다.
"물고기 밥은 주었니?"

아들은 또 고개를 저었다.

엄마는 분명히 물고기가 죽었을 것으로 생각했다.
물도 갈아주지 않고 먹을 것도 주지 않았는데 어떻게 살겠는가?
아들이 물고기 기르는 방법을 몰라 서랍에 넣어둔 것이 분명하다.
"언제 물고기를 사 왔니?"
"4년 전이요."

아들의 말을 들은 엄마는 갑자기 머리가 지끈거렸다.
아들이 도대체 무슨 말을 하는지 알 수 없었다.
그래서 아들에게 물고기를 얼른 가져오라고 했다.
물고기가 아직 살아 있는지 확인하고 싶었다.

아들은 조심스레 물고기를 두 손에 들고 왔다.
아들의 두 눈은 재미있다는 듯 초롱초롱 빛나고 있었다.
"이 물고기는 물을 갈아주거나 밥을 줄 필요가 없어요. 이건 엄마가
제게 사주신 거잖아요."
아들이 말한 물고기는 몇 년 전 자신이 사준 물고기 모양의 크리스
털 장식품이었다.

어째서 살아 있는 물고기만 기를 수 있다고 생각할까?
귀여운 장식품 물고기도 상상 속에서는 기를 수 있다.

어린 시절을 떠올려보라.

나도 모험으로 가득 찬 미래를 상상하지 않았는가?

나도 상상의 나래를 펼쳐 꿈의 성을 쌓지 않았는가?

누구든지 이때로 돌아갈 수 있다.

끝없는 욕망을 채우려 하지 않는다면 말이다.

명품을 사기 위해 아등바등하지 않는다면 대신 좋아하는 일을 할 수 있다.

이런 일은 큰돈을 들이지 않아도 큰 즐거움을 선사한다.

창의력은 생활에 색채를 더하는 색연필이다.

창의력을 발휘하는 데 인색해지지 마라.

그릴 수만 있다면 정신세계는 다양한 색채로 채울 수 있다.

아이들은 최선을 다해 하루를 보낸다.

지칠 때까지 신나게 놀아야 집으로 돌아간다.

잠든 아이들은 꿈속에서도 즐거웠던 하루를 생각하며 달콤한 미소를 짓는다.

하지만, 어른들은 무거운 발걸음으로 돌아와 하루를 한탄한다.

그리고 드라마를 보며 잠이 든다.

왜 나는 하루를 모험으로 여기지 않을까?

왜 삶에서 즐거움을 찾으려 하지 않을까?

반복되는 일도 재미있고 신나게 할 수 있다.

창의적으로 일을 새롭게 바꾸려고 노력한다면 말이다.

고집스러운 생각을 버리고 이 세상을 바라본다면 말이다.

• • • • •

영화 속 월터는 포토 에디터다.

그의 유일한 취미는 상상하기다.

상상 속에서 그는 꽃미남으로 변해 빙하를 정복한다.

영웅으로 변신해 폭발하는 빌딩에서 강아지를 구한다.

월터는 이렇게 상상하며 단조로운 생활을 버티고 있다.

어느 날, 회사가 위기에 처하자 대규모 감원을 감행했다.

첫 번째 감원 대상은 월터가 속한 부서였다.

엎친 데 덮친 격으로 사진작가가 보내온 사진 필름이 사라졌다.

사장은 월터에게 기한 내에 필름을 찾아오라고 했다.

그렇지 않으면 당장 짐을 싸서 회사를 나가야 한다.

월터는 인생 최대의 시련에 부딪혔다.

이제 지구 어디에 있는지도 모르는 사진작가를 찾아야 한다.

믿기 어렵지만, 사진작가는 아이슬란드에 있다고 한다.

그곳은 월터에게는 상상으로만 갈 수 있던 나라다.

하나. 미래가 두려운 나에게

월터는 용기를 내 아이슬란드행 비행기 표를 샀다.

월터는 이런 일을 마음속으로만 하고 실제로 해본 적이 없었다.

비행기가 구름 위를 날아 월터가 꿈꾸던 나라로 출발했다.

이것으로 그의 인생은 새롭게 변했다.

월터의 삶은 내가 사는 평범한 삶이다.

나는 삶이 괴롭고 무료해도 바꿀 용기가 없다.

변화를 부르는 행동은 비행기 표를 사는 것처럼 쉽다.

하지만 난관을 헤쳐 나가는 과정은 매우 어렵다.

그래도 내 인생의 주도권은 내게 있다.

현실에 나를 맞출 이유가 전혀 없다.

아이들은 자기가 무엇을 해야 할지 묻지 않는다.

오히려 어른들의 등쌀에 못 이겨서 한다.

이런 상황이 계속되면 아이는 인생에서 스스로 결정할 일이 없다.

내게 딱 맞는 목표를 세우자.

그런 다음 즉시 행동으로 옮기자.

내가 진심으로 원하는 일, 간절한 인생의 목표를 이루자.

목표를 이루었다면 다시 용감하게 도전하자.

66

인생은 연습이 없다.
매 순간이 생방송이다.

99

_ 알리바바 회장, 마윈馬雲

하나. 미래가 두려운 나에게

5.
행복은
가슴속,
속
에

• • • • •

나를 행복하게 하는 방법을 배워야 한다.
슬픈 일이 지나면 즐거운 일이 생긴다는 사실을 알아야 한다.
도와주는 사람이 없어서 불행한 것은 아니다.
오히려 내게는 다른 사람을 도울 힘이 있다.
나는 스스로 행복을 만들 수 있다.

그날 어머니는 응급 진료를 받았다.
그리고는 잠시 병원 침대에 누웠다.
옆에는 다섯 살짜리 여자아이가 누워 있었다.
간호사가 아이의 혈관에 주사를 놓자 울음을 터뜨렸다.
아이 엄마는 갓난아기를 등에 업은 채 아이를 달랬다.

간호사는 스티커 한 장을 아이의 팔뚝에 붙였다.

하나. 미래가 두려운 나에게

힘든 과정을 참아낸 데 대한 선물이었다.

아이는 울음을 멈추고 엄마에게 팔을 뻗어보라고 했다.

간호사처럼 아이도 엄마의 팔뚝에 스티커를 붙였다.

엄마도 아프니까 위로가 필요하다고 생각한 모양이다.

아이들이 즐거움을 느끼는 속도는 아픔보다 훨씬 빠르다.

아이들의 행복은 분명히 가슴속에 있다.

· · · · ·

어른이 되려면 성장통을 겪어야 한다.

괴로운 일들을 잊어야 계속 전진할 수 있다.

그런데 어른이 되면 반대가 된다.

고통을 잊으려고 할수록 점점 머릿속을 맴돈다.

성장 과정에서 대뇌는 성장 호르몬과 같은 전도물질을 분비한다.

호르몬이 작용하면 골격이 커지고 근육이 발달한다.

아이들은 이때 나타나는 통증을 참아야 한다.

사춘기가 지나면 호르몬이 안정되며 뇌의 구조도 완성된다.

어른이 되는 고통은, '깨달음을 명심해야 살아남는다'고 가르친다.

그래서 즐거웠던 일보다 안 좋았던 일을 더 분명하게 기억한다.

하지만 괴로운 일만 기억하고 깨달음은 잊어버린다.

노벨 경제학상 수상자 대니얼 카너먼$^{Daniel\ Kahneman}$은 이렇게 말했다.

우리 머릿속에는 두 가지 사고 시스템이 존재한다.
하나는 직관적 사고 시스템으로 감정, 정서 기능을 담당하는 편도체에 의해 통제된다.
다른 하나는 심사숙고형 사고 시스템으로 인지 기능을 담당하는 전두엽에 의해 통제된다.
문제에 직면하면 두 시스템이 상호작용한다.
긴급하게 처리해야 하는 일이 발생하면 직관적 사고 시스템이 작동한다.
이런 일은 생사와 관련된 때가 많아서 재빠르게 처리해야 한다.
하지만 '이직'처럼 심사숙고해야 하는 일이 발생하면 심사숙고형 사고 시스템이 작동한다.

사람들이 중요한 순간에 받는 정보는 대부분 뒤죽박죽이다.
그래서 우선 직관적 사고 시스템으로 신속하게 처리한다.
이때 심사숙고형 사고 시스템도 정보를 받아 천천히 실마리를 풀어간다.
주차 위반에 걸렸을 때, 직관적 사고 시스템이 즉각 반응한다.
우선 감정이 고조된다.
긴장할 수도 있고, 화가 치밀어 오를 수도 있다.
그러나 조금만 지나면 심사숙고형 사고 시스템이 인지하여 침착해

하나. 미래가 두려운 나에게

진다.

물론 대뇌 구조가 다 똑같은 것은 아니다.
어떤 사람은 직관적 사고 시스템이 더 발달하여 감정적이다.
어떤 사람은 심사숙고형 사고 시스템이 더 발달하여 이성적이다.
하지만 사고 시스템은 변한다.
그러려면 문제에 직면했을 때의 자기 반응을 알아야 한다.
문제로 발생한 스트레스에 관심이 가는가, 아니면 해결 방법을 생각
하는가?

전자라면 자신에게 이렇게 말해보라.
"해결은커녕 걱정만 하면 얼마나 머리가 아픈가?
이것은 문제를 해결하는 데 아무 도움이 안 된다.
생각을 멈추고 걱정에서 잠시 벗어나자.
나의 뇌가 해결 방법을 생각할 테니 나서서 걱정할 필요는 없다."

• • • • •

어린아이가 놀다가 넘어졌다.
잠깐 울더니 이내 울음을 그치고 계속 논다.
부모에게 매달려 애교를 부리다가도 입을 삐죽거리며 투정을 부린다.
아이들은 기억을 저장하지 않아서 걱정이 없다.

걱정이나 괴로운 일이 없는 게 아니라 즐겁지 않은 일은 금세 잊어버린다.
이것이 아이들의 특권이다.

아이들은 부모의 덕에 행복한 나날을 보낸다.
어른들은 잘못을 저질러도 너그럽게 용서한다.
어른이 되었다고 행복할 권리마저 잃는 것은 아니다.
어른이 되었어도 자신을 행복하게 하는 방법을 배워야 한다.

슬픈 일이 지나면 즐거운 일이 생긴다는 사실도 알아야 한다.
도와주는 사람이 없다고 해서 불행한 것도 아니다.
오히려 내게는 다른 사람을 도울 힘이 있다.
나는 스스로 행복을 만들 수 있다.
나는 다른 사람을 위해 더 큰 행복을 만들 수 있다.

성장이란 경험할 수 있는 일이 점점 많아지는 것이다.
그래서 자신에게 더 관심을 두고 이해하기 위해 노력해야 한다.
나아가 스스로 가장 훌륭한 조력자가 되어야 한다.
그러기 위해서는 반성하고 내면의 소리에 귀를 기울여야 한다.

해결해야 할 문제를 꺼내 감정이 드러나는 방식을 살펴보자.
그런 다음, 감정 표현이 어떤 결과를 초래할지 천천히 생각해보자.

하나. 미래가 두려운 나에게

만약 부정적 결과를 가져오는 감정 표현이라면 피해야 한다.
화를 참지 못해서 바로 후회할 때가 그런 때다.
해결 방법은 간단하다.
화나게 하는 일이 어떤 의미가 있는지 생각해보는 것이다.
그리고 스스로 다독여라.

66
진정한 행복은
인생의 가치를 인식할 때
느낄 수 있다.
99

_ 쿠웨이트 작가, 무니르 나쑤프Mounir Nassuf

6.

희망을

의심하지 마라

• • • • •

미래에 대한 희망을 놓지 말아야 하는 이유가 있다.

사람은 절대 고독한 존재가 아니며, 누구도 외톨이가 아니기 때문이다.

그저 내가 다른 사람에게 마음의 문을 활짝 열면 된다.

사람들은 혼자라고 생각하며 삶을 바꾸기 어렵다고 여긴다.

하지만 그들이 놓친 부분이 있다.

바로 집단의 지혜를 제대로 써본 적이 없다는 사실이다.

아이들이 노는 모습을 보자.

힘들게 쌓은 모래성이 망가지거나 못된 친구에게 지더라도 상관없다.

이런 일로 아이들은 흥미를 잃지 않는다.

오히려 상대에게 다시 하자고 한다.

이길 수 있다는 믿음과 새로운 일에 대한 기대 때문이다.

처음에는 풀이 죽어 자기가 왜 졌는지 생각한다.

하지만 놀고 싶은 마음이 남아 있으면 신경 쓰지 않는다.

아이들은 희망을 버리지 않는다.

아이들에게 모든 일은 언제나 새롭다.

어른들은 좌절을 겪으면 쉽게 포기한다.

불확실한 미래에 대한 두려움이 가득하다.

지나간 일은 되돌릴 수 없고, 기회는 다시 오지 않는다는 사실을 알기 때문이다.

그래서 다시 시도하지도 않는다.

좌절의 고통을 겪어야 한다는 사실이 두렵기 때문이다.

누구나 겪게 되는 시련은 수없이 많다.

진학, 취직, 연애에서 실패를 맛보고 괴로움에 시달린다.

거대한 어둠이 덮치면 미래에 희망이 있는지 의심하게 된다.

이때 나는 아이의 시선으로 세상을 본다.

세상에 용서하지 못할 만큼 큰 잘못은 없다.

만약 운명이 있다면, 더 대담하게 행동하거나 낙관적으로 미래를 맞으면 된다.

아이들에게 배워라.

그러면 삶이 더 재미있다.

그러면 좋아하는 일을 하기 위해 세상에 태어났다는 것을 믿게 된다.

• • • • •

아직 벌어지지도 않은 일을 걱정하는 이유는 사고가 두려워서다.
하지만 미래에는 걱정할 일들이 셀 수 없이 많다.
그보다는 이렇게 생각해보자.
미래의 일이 내 능력을 벗어난다면 걱정해도 소용없다.

하지만 대부분은 감당할 수 있는 범위에 있다.
내 능력을 믿고, 두렵더라도 용기 있게 헤쳐 나가자.
만약 방법을 모르겠다면 문제를 받아들이자.
문제를 받아들이면 생각지도 못한 힘이 생긴다.
차분하게 문제를 살펴보면 부정적 결과를 최소로 줄일 수 있다.

과거에 심리학자들은 사람들이 고통에서 벗어나도록 도우려고 했다.
하지만 좌절이나 스트레스와 같은 부정적 감정이 너무 많았다.
그래서 심리학자들은 생각을 바꾸었다.
긍정적인 생각으로 부정적인 일을 해결하는 것이다.
그때 심리학자들은 마음에도 면역 시스템이 있다는 사실을 발견했다.

하지만 마음의 면역 시스템도 강한 사람이 있고 약한 사람이 있다.

낙관적인 사람은 안 좋은 일을 당해도 훌훌 털어버린다.

하지만 비관적인 사람은 좌절을 겪으면 마음속에 담아둔다.

왜 그럴까?

낙관주의자는 미래에 대한 희망을 품기 때문이다.

그들은 자신을 믿는다.

일에는 긍정적인 면과 부정적인 면이 모두 있다.

낙관주의자는 문제의 원인이 무엇인지 생각한다.

낙관주의자는 좋은 점과 나쁜 점을 구분하고 각각 다른 방식으로 해결한다.

긍정적인 부분을 긍정적으로 받아들이면 옳은 방향이 된다.

해결할 수 있는 부정적인 부분은 곧바로 해결한다.

해결할 수 없는 부정적인 부분은 받아들이면 된다.

나는 이렇게 인생을 바꿀 수 있다.

• • • • •

미래에 대한 희망을 놓지 말아야 하는 이유가 있다.

사람은 절대 고독한 존재가 아니며, 누구도 외톨이가 아니기 때문이다.

그저 내가 다른 사람에게 마음의 문을 활짝 열면 된다.

사람들은 혼자라고 생각하며 삶을 바꾸기 어렵다고 여긴다.

하지만 그들이 놓친 부분이 있다.

바로 집단의 지혜를 제대로 써본 적이 없다는 사실이다.

사회학자 던컨 와츠*Duncan Watts*는 '작은 세계 이론'을 제시했다.

전 세계 사람들이 여섯 단계만 거치면 서로 연결된다는 이론이다.

한 가지를 여섯 사람에게만 말하면 전 세계 사람에게 전달될 수도 있다.

세상에는 천만 종에 가까운 생물이 있다.

그중에서 분업과 집단생활을 할 수 있는 종은 많지 않다.

개미와 벌을 비롯해 인간이 조직적으로 사회를 구성한다.

개미집을 들여다보면 그들은 매우 치밀하게 분업한다.

사막에 사는 개미는 매일 아침 무엇을 해야 하는지 안다.

어려운 문제에 부닥쳐도 세세하게 나누어 함께 해결한다.

이들은 복잡하면서도 질서 정연한 제도를 따른다.

이것이 집단의 지혜다.

집단의 지혜는 집단으로 존재하는 모든 개체에서 나타난다.

모든 개체는 상대방과 환경에 반응한다.

위험을 감지하면 집단의 지혜를 모아 함께 맞선다.

그중에서 인간의 힘이 가장 강하다.

환경에 적응하기 위해 사회를 이루고, 집단의 조화를 위해 절충한다.

집단의 지혜를 가진 구성원 사이에는 소통법이 있다.

개미는 배 끝에서 냄새를 풍기고, 벌은 냄새를 풍기면서 춤도 춘다.

인간의 소통은 이보다 훨씬 복잡하다.

그래서 집단에서 자신을 제대로 표현해야 한다.

집단에 의지해 생존하기도 하며, 도움을 받을 일도 있기 때문이다.

알리바바의 창업자 마윈은 이렇게 말했다.

"낙관적인 사고는 창업자의 필수 조건이다.

비관적인 사람은 삼 일을 넘기기 힘들다.

매 순간이 고통스러우니 내일은 더 나아질 것이라는 믿음을 가져야
한다.

힘들 때는 왼손으로 오른손을 따뜻하게 감싸는 법도 배워야 한다."

험난한 길도 마음만 먹으면 극복할 수 있다.

낭떠러지에 다다르면 다리를 놓아 건너면 된다.

산이 가로막고 있으면 힘들더라도 넘으면 된다.

힘든 일이 닥치면 상황을 해결할 수 있는지 먼저 생각하라.

최악의 상황을 생각한 다음, 가장 먼저 해야 할 일부터 해결하라.

희망이 나의 용기를 북돋아 빛나는 내일을 만들어줄 것이다.

66

미래의 희망을 잃는 것은
현재의 행복을 잃는 것보다 더 고통스럽다.

99

_ 프랑스 소설가, 오노레 드 발자크Honoré de Balzac

7, 독서와 삶의 관계

취미로 책을 읽는 사람이 많다.

독서는 공감대를 형성하고 서로의 생각에 흥미를 느끼게 한다.

독서는 자신을 표현하는 방식이자 사상을 펼치는 방법이다.

책은 이 세계의 놀라운 일을 알게 하고 몰랐던 일을 탐구하게 한다.

소설가 로렌스 블록*Lawrence Block*은 다음과 같이 말했다.

"끊임없이 책을 읽고 미친 듯이 다양한 분야의 책을 섭렵하라.

이것은 작가들이 책을 출간하기 전에 반드시 거치는 과정이다."

이때 작가들은 마치 청어 떼를 만난 굶주린 상어와 같다.

작가는 주변에 책이 없으면 케첩 병에 붙은 라벨이라도 꼼꼼하게 읽는다.

책 한 권을 쓰기 전에 작가는 책에 묻힌다.

책을 자주 읽지 않는 작가는 한 사람도 없다.

중국 문학사에 보기 드문 천재 소식蘇軾은 말했다.

"두루 보되 요약해서 취하며, 깊게 쌓되 함부로 드러내지 마라."

그는 시서詩書에 매우 뛰어났지만, 여전히 자신의 학문이 부족하다고
했다.

남송南宋 시인 육유陸游도 그랬다.

그는 "막상 지식을 쓰려니 배운 지식이 모자란 게 후회된다."고 한탄
했다.

그들은 온종일 손에서 책을 놓지 않았다.

책 읽는 것을 왜 이렇게 좋아했을까, 더 재미있는 일은 없었을까?

그들은 왜 독서를 가장 중요한 일로 여겼을까?

· · · · ·

북송北宋 문학가 왕안석王安石은 〈상중영傷仲永〉이라는 유명한 산문을
남겼다.

'중영을 슬퍼하다'라는 뜻으로 내용은 다음과 같다.

방중영方仲永이라는 신동이 있다.

그의 집안은 조상 대대로 농사일을 하여 책을 읽는 사람이 한 명도
없었다.

방중영도 다섯 살이 되도록 종이, 먹, 붓, 벼루가 무엇에 쓰는 물건인

지 몰랐다.

어느 날, 중영은 울며 종이와 붓을 달라고 졸랐다.

중영의 아버지는 이를 기이하게 여겨 이웃에게 빌려다 주었다.

그러자 중영이 그 자리에서 시 네 구절을 썼는데, 문장이 화려하면서
도 고상했다.

중영의 아버지는 아들의 재능이 돈이 될 것으로 생각했다.

하지만 시를 짓게는 했으나 학교에는 보내지 않았다.

세월이 흘러 나이를 먹었어도 중영의 실력은 늘지 않았다.

시는 예전만 못했고 그도 평범한 사람으로 변했다.

이 이야기는 학습의 중요성을 말한다.

하지만 더 중요한 다른 의미가 있다.

중영은 배움에 흥미가 있었고 창작에 재능도 있었다.

그러나 재능을 돈과 이익으로 바꾸자 독서는 이제 재미있는 일이 아
니었다.

독서는 한 사람의 운명을 바꿀 수 있다.

독서는 본능을 따르는 삶에서 벗어나게 한다.

가난을 벗어나고 신분을 뛰어넘는 무기다.

독서가 모두에게 중요하다면, 어릴 때의 독서는 훨씬 중요하다.

어릴 때 읽은 책은 곧 그 사람의 인격이 되기 때문이다.

17세기 영국의 철학자 존 로크*John Locke*는 말했다.

"아이는 백지와 같아서 무엇을 그리든 작품이 된다."

그 누구도 이 말을 부정할 수는 없다.

인간의 정신은 백지를 지식으로 채운다.

독서는 우리의 미래를 긍정으로 이끈다.

하지만 우리는 아무것도 하지 않은 채 후회만 한다.

지금 당장 책을 펼쳐라!

늦었다고 생각할 때가 가장 빠른 때다.

어떤 분야든 매일 조금씩 책을 읽어 흥미를 느껴라.

독서에 빠지면 하루도 손에서 책을 놓을 수 없다.

• • • • •

책에서 모든 지식과 기술을 습득할 수 있다.

일로 몸과 마음이 힘들수록 손에 책을 쥐어라.

천문학, 세계 지리, 문학과 역사도 좋다.

독서는 자신을 표현하는 방식이자 사상을 펼치는 방법이다.

깊이 있게 책을 읽으면 모르던 분야도 탐구하게 된다.

호기심은 끝없는 동굴과 같아서 채우려고 해도 채워지지 않는다.

호기심은 아이들이 가진 소중한 특성이다.

이것은 인간만이 가진 지혜의 출발점이다.
호기심 가득한 사람에게 세상은 미지의 세계다.
그래서 이들에게는 세상을 탐구하고 싶은 욕망이 가득하다.
어린 시절의 호기심으로 독서를 하면 삶이 풍요로워진다.

어릴 적 책을 읽지 않은 것을 후회하지 마라.
후회하는 지금이 쇠뿔을 빼야 할 때다.
그동안 읽고 싶었던 책을 지금 당장 읽어라.
그리고 마음에 와 닿는 구절과 깨달음을 적어라.
책을 많이 읽으려고 욕심내지 말고 꾸준한 독서를 욕심내라.
그러면 삶이 힘들어도 가슴에 새긴 글로 하루를 살 수 있다.

66
다른 사람이 읽는 책만 읽는다면
다른 사람과 똑같은 생각만 할 것이다.
99

_ 일본 소설가. 무라카미 하루키 むらかみ はるき

꿈이
사라진
나에게

"
어디에서 싹이 트던, 때가 되면 꽃이 핀다.
"

1.
제
로
에
서

성
공
까
지

• • • • •

내 시작은 "나는 할 수 있어."이다.

이런 믿음으로 노력해야 매 순간 최선을 다할 수 있다.

그리고 가능하다면 불가능해 보이는 일에 도전해야 한다.

믿음과 도전은 내 삶을 바꾸고 세상도 바꾼다.

뜻대로 되지 않을 때, 사람들은 자신을 초라하게 느낀다.

내세울 학력, 의지할 배경, 희망조차 없다고 느낀다.

실제로 그럴까?

내게는 큰돈은 없지만 건강한 신체가 있다.

나는 재벌은 아니어도 나를 아껴주는 가족이 있다.

나는 명문대 출신은 아니지만, 나만의 강점이 있다.

사람은 누구나 타고난 재능과 심성이 다르다.

작고 연약한 풀에도 뿌리내릴 땅이 있다.

나도 어딘가에 뿌리내리면 풀밭을 이룰 수 있다.

중요한 것은 내가 어떤 삶을 살 것인지 선택하는 일이다.

나는 내 의지대로 삶을 결정하고 환경을 바꿀 수 있다.

내 능력을 믿고 원하는 삶을 위해 필요한 것들을 만들면 된다.

'무無'에서 작은 '유有'를 창조하자.

그리고 내게 맞는 영토를 개척하자.

• • • • •

인간의 잠재력은 무궁무진하다.

지금까지 잠재력을 100% 활용한 사람은 한 명도 없다.

사람에게는 1,500억 개의 뇌 신경 세포가 있다.

뇌세포가 자극받으면 나뭇가지가 뻗듯 외부로 뻗어간다.

그러면 다른 뇌세포와 연결되어 정밀한 네트워크가 형성된다.

뇌 신경 과학자 에코노모*Constantin Von Economo*는 말했다.

"인간의 대뇌는 4%만 개발되었고 나머지는 제대로 사용된 적이 없다."

인간에게는 놀라운 창의력 공간이 있다.

그런데 나는 왜 타고난 창의력을 발휘하지 못할까?

그 이유는 자기 능력에 한계를 짓기 때문이다.

물론 이것도 인간의 모습이다.

예측하기 어려운 미래가 닥치면 불안하고 초조해진다.

나는 이를 피하려고 도전하기보다 현실에서의 안주를 택한다.

나도 변화가 두렵고 위협적으로 느껴진다.

하지만 자극이 없으면 뇌 신경 세포는 새싹을 틔우지 않는다.

이 말이 이해되지 않는다면 편안하고 안정된 환경에서 사는 사람을 보라.

그런 사람일수록 융통성이 없고 고정관념에 사로잡혔다.

대뇌에 숨은 보물창고를 열려고 시도조차 하지 않는다.

얼마나 안타까운 일인가!

내 능력을 믿고 삶의 도전을 받아들여라.

해결 방법을 찾으면서 잠재력이 드러날 것이다.

내가 그것을 모를 뿐이다.

내게 주어진 조건을 탓하지 말고 그것을 소중히 여겨라.

또한, 장애물을 두려워하지 마라.

그러면 목표를 하나하나 이루면서 길을 찾게 될 것이다.

자신을 과소평가하거나 실패를 자신의 무능으로 여기지 마라.

도전하기도 전에 포기하거나 이룰 수 없다고 단정 짓지 마라.

나의 1분, 1초를 아껴라.

하루하루를 소중히 보내며 끊임없이 한계에 도전하라.

무엇보다 '나는 할 수 있다'는 믿음으로 최선을 다하라.

똑같이 하지 말고 창의적으로 해내라.

내 삶을 바꾸려고 노력하면 세상은 노력에 반응한다.

매일, 매 순간 내가 성공한 모습을 그려라.

• • • • •

내 모습에 실망할 때가 있다.

노력의 성과가 보이지 않을 것처럼 느껴지기 때문이다.

하지만 위대한 성공은 제로에서 시작하는 것이다.

벤저민 프랭클린*Benjamin Franklin*도 제로에서 시작했다.

가난 때문에 열셋에 학교를 그만두고 인쇄소에서 일했다.

그는 인쇄되는 책을 보며 문학의 기초를 쌓았다.

서기관, 소방대장, 우체국장을 하며 다양한 경험을 쌓았다.

해야 할 일이 있거나 도움이 필요한 곳에는 어디든 나섰다.

삶에서 만나는 모든 일을 열정적으로 받아들여 지식으로 쌓았다.

그는 처지를 원망한 적이 단 한 번도 없다.

오로지 모든 일에 최선을 다했을 뿐이다.

66   둘. 꿈이 사라진 나에게

벤저민 프랭클린은 누구나 삶을 한없이 확장할 수 있음을 증명했다.
그가 어쩔 수 없이 학업을 포기해야 했을 때 인생에 실망했다면 어땠을까?
그가 포기했다면 도서관, 소방서, 병원을 설립할 수 있었을까?
그가 상상하기 어려운 물건을 발명할 수 있었을까?

그는 자신이 인생의 주인이 되는 삶을 살기로 했다.
매일 규칙적으로 생활했고, 시간을 잘 활용했고, 공부와 일에 자신의 생명을 쏟았다.
그는 포기하지 않는 사람에게 성공이 주어진다는 사실을 믿었다.
세상에는 스스로 이루어야 할 일이 있고 잡아야 할 기회가 있다.

"말은 쉽지, 지금 커다란 고난이 내 앞을 막아섰다고!"
누군가는 이렇게 말할 것이다.
그렇다. 하루아침에 성공하는 사람은 없다.
위대한 성공에는 시간과 노력이 절대적으로 필요하다.
하느님은 내게도 똑같이 하루 24시간을 주었다.
내가 시간을 어떻게 활용하느냐가 곧 내 삶이고 성공이다.

66

사람들은 자신의 불행을 환경 탓으로 돌린다.

하지만 나는 환경이 정해져 있다고 믿지 않는다.

성공한 사람은 자신이 원하는 환경을 찾는다.

이것을 찾지 못한 사람은 노력을 통해 만들면 된다.

99

_ 영국 소설가, 조지 버나드 쇼George Bernard Shaw

둘. 꿈이 사라진 나에게

2.

내가

감사

하는

이유

• • • • •

다른 사람이 나를 사랑하는 것을 당연하게 여기는가?
세상 사람이 나를 위해 희생해야 한다고 생각하는가?
그런 사람은 다른 사람을 사랑할 줄 모르는 사람이다.
무엇보다 다른 사람을 돕는 게 얼마나 위대한 일인지 모르는 사람
이다.

사람들은 감사보다 원망을 더 잘한다.
마음먹은 대로 되지 않으면 하느님도 원망한다.
다른 사람을 탓하면서 다른 사람이 미안해해야 한다고 생각한다.
남 탓을 하는 이유는 책임지지 않으려는 생각 때문이다.
하지만 일이 잘 풀리면 당연하게 생각한다.
감사는커녕 자신이 잘해서 이룬 것처럼 오만해진다.

둘. 꿈이 사라진 나에게

타고르*Debendranath Tagore*는 이렇게 비유했다.

감사할 줄 아는 사람은 꿀벌이고 이기적인 사람은 나비다.

꿀벌과 나비는 모두 꽃에서 꿀을 먹지만 둘은 전혀 다르다.

사람들은 나비의 화려한 모습에 쉽게 끌린다.

그러나 시간이 흐르면 나비의 이기적인 모습에 질려서 떠난다.

반면, 꿀벌처럼 감사할 줄 아는 친구는 곁에 두고 싶어 한다.

• • • • •

내가 어렸을 때의 일이다.

어떤 친척이 사업을 한다고 할머니에게 돈을 빌렸다.

그는 사업이 잘되었는데도 돈을 갚기는커녕 흥청망청 쓰고 다녔다.

얼마 후 그는 다시 찾아와 형편이 어렵다면서 또 돈을 빌렸다.

나는 그 친척의 머릿속에는 돈 쓸 생각뿐이라는 사실을 알았다.

그는 똑같은 방법으로 다른 사람들도 속였다.

나는 할머니가 이런 사람에게 돈을 빌려줄 거로는 생각지도 못했다.

거기에 더해 할머니는 그 친척에게 음식도 보냈다.

다른 친척들이 이 사실을 알고는 하나같이 분통을 터뜨렸다.

하지만 친척들이 뭐라고 해도 할머니는 입을 열지 않았다.

어느 날, 나는 참지 못하고 할머니에게 물었다.

"할머니, 그가 사기꾼인 줄 알면서 왜 돈을 빌려주셨어요?"

"살면서 이것저것 따질 필요 없다."

"네?"

"다른 사람에게 무언가 줄 수 있으면 필요한 사람에게 주면 된다."

나는 할머니가 다른 사람을 항상 너그럽게 대한 이유를 생각했다.

답을 찾은 것은 오랜 시간이 흐른 후였다.

할머니는 그 사람을 믿고 다시 한번 기회를 준 것이다.

그것은 또한 할머니가 다른 사람에게 받은 은혜를 기억하고 있었기 때문이다.

그렇다, 이것은 할머니께서 내게 늘 하신 말씀이다.

"다른 사람에게 조금이라도 도움을 받았으면 반드시 보답해야 한다."

자손들이 야박한 사람이 되지 않기를 바란다면 이 가르침을 전해야 한다.

할머니는 당신이 받은 은혜를 잊지 않고 다른 사람에게 베풀었다.

사람들이 나를 함부로 대한다고 생각하면 어떻게 선의를 베풀겠는가?

아마도 복수만 생각할 것이다.

그러나 다른 사람에게 도움받은 기억을 떠올리면 마음이 따뜻해진다.

불교는 우리가 이 세상에 온 이유를 전생에 진 빚을 매듭짓기 위해서라고 한다.

착한 일을 했으면 착한 결과를 받고, 나쁜 일을 했으면 나쁜 결과를
받는다.
그러므로 우리는 다른 사람에게 빚지고 있음을 기억해야 한다.
다른 사람을 도우며 감사하는 마음을 가져야 한다.

• • • • •

감사하는 마음을 갖는 데도 학습이 필요하다.
하지만 그 전에 다른 사람의 선의를 긍정적으로 받아들여야 한다.
상대의 선의를 진심으로 믿어야 신뢰를 쌓을 수 있다.
그래야 더 우호적인 관계로 발전할 수 있다.

자존감이 낮은 사람은 다른 사람의 선의를 동정으로 받아들인다.
선의는 다른 사람을 대하는 참된 마음이지 동정이나 우월감이 아니다.
동정은 상대방의 자존감을 훼손하지만, 선의는 감동을 준다.
누군가 따뜻하게 대해준다고 느끼면 진심으로 감사해야 한다.
그리고 누군가는 진실한 마음으로 나를 대한다는 사실을 믿어야
한다.

선의가 왜곡되면 수습할 수 없는 상황이 벌어지기도 한다.
그렇지만 이것은 부정적 시선 때문이지 선의의 문제는 아니다.
다른 사람과의 나쁜 일만 기억하면 나쁜 점만 떠올리게 된다.

나쁜 일만 기억하면서 고통이 사라지길 바라는가?

감사할 줄 알았던 꿀벌과 다르게 꽃이 주었던 달콤함만을 생각하지는 않는가?

선의에 감사할 줄 알면 세상은 더 아름답게 변한다.

다른 사람이 내게 잘해주는 것을 어떻게 기억할 수 있을까?

감사하는 마음을 간직하고 진심으로 대해야 한다.

감사하다고 말할 때마다 내게 베푼 친절함을 기억해야 한다.

그리고 그 선의를 다른 사람들에게 행동으로 전해야 한다.

선의는 더 많은 선의를 부른다.

66

걱정이 아니라
여러분이 받은 은혜를 생각하라.

99

_ 미국 작가, 데일 카네기|Dale Carnegie

둘. 꿈이 사라진 나에게

3.
결단하는 용기

•••••

다른 사람의 의견을 무조건 받아들여서는 안 된다.

그 이유는 내 인생은 내가 책임져야 하기 때문이다.

내 행동에 대한 책임을 다른 사람에게 떠넘길 수는 없는 일이다.

그러므로 다른 사람의 의견에 귀를 기울이되, 받아들일지는 스스로
판단해야 한다.

좌절을 겪으면 가장 먼저 자신의 가치에 의문이 든다.

'내가 쓸모 있는 사람일까?'

이 생각에서 벗어나지 못하면 무슨 일을 해도 실패한다.

그렇다면 사람의 가치는 어떻게 측정할 수 있을까?

재산, 학력, 직업에도 가치는 있다.

하지만 자신감은 가치를 헤아릴 수 없다.

돌. 꿈이 사라진 나에게

자신을 과소평가하는 사람은 다른 사람의 기준으로 자신을 판단한다.

그러나 다른 사람도 자기 잣대를 근거로 말할 뿐이다.

그들 눈에 보이는 것은 그저 자신의 경험으로 아는 세계다.

그들이 해주는 말도 나의 처지를 추측한 것에 불과하다.

나를 가장 잘 아는 사람은 바로 '나'다.

혹시 좌절하더라도 타고르의 이 말을 기억하라.

"자신을 과소평가하지 마라.

자신에 대한 다른 사람의 평가도 믿지 마라.

좋든 나쁘든, 자신의 참모습을 잃어버려서는 안 된다."

• • • • •

어떤 사람에게 좋은 음식이 내게는 독이 될 수 있다.

이 말은 다른 사람에게 옳은 일이 내게는 나쁘거나 전혀 도움이 안 될 수 있다는 의미다.

피곤함에 찌든 사람에게는 휴식이 필요하다.

하지만 온종일 빈둥거린 사람에게는 적당한 피로감이 필요하다.

그러므로 다른 사람의 의견에 귀를 기울이더라도 받아들이는 데는 신중히 해야 한다.

무엇보다 현재 자신의 상황에 도움이 되는지를 판단해야 한다.

무슨 일을 하든 긍정과 부정을 모두 고려해야 한다.
회사가 마음에 들지 않아 이직을 고민한다면 어떤가.
대부분은 가까운 친구들에게 의견을 구할 것이다.
하지만 사람마다 의견이 달라서 더욱 결정을 내리기 어려워진다.

"아르바이트도 구하기 어려운데 왜 이루어놓은 걸 포기해?"
"인생은 짧아. 할 수 있을 때 도전해 봐."

열 명에게 물으면 열 가지 대답을 얻게 된다.
하지만 자신에게 물으면 원하는 한 가지 대답을 얻게 된다.
자기 문제에 다른 사람의 의견만 물으면 해결 방법을 찾지 못한 채
시간만 보내게 된다.
이때는 마음을 가라앉히고 내면의 소리에 귀를 기울여라.
나는 대답을 이미 알고 있다.
다른 사람의 의견을 구한 것은 결단의 용기가 부족했기 때문이다.
무엇을 선택하든 결정은 자신에게 달렸다.
충분히 생각하고 결정하면 결과를 책임질 용기도 생긴다.

• • • • •

앞날이 캄캄하게 느껴질 때는 무조건 자신을 믿어라.
나에 대한 다른 사람의 평가는 중요하지 않다.

둘. 꿈이 사라진 나에게

상대방의 말이 사실일지라도 내가 그렇게 되리라는 법은 없다.
심리학 교수 켈리 모스*Kelly Morth*는 다음과 같이 말했다.

어떤 고아가 방황하다가 스님을 찾았다.
"저처럼 능력이 없는 사람은 어떻게 살아야 할까요?"
고아의 말을 듣고 스님은 고아에게 돌멩이 하나를 주었다.
"이걸 가지고 시장에 가서 팔아라.
하지만 누가 사려고 해도 절대 팔면 안 된다."

돌멩이를 누가 사려고 하겠는가?
고아는 어리둥절했지만, 돌멩이를 가지고 시장에 갔다.
이틀이 지나도 돌멩이를 사러 오는 사람은 없었다.
그런데 셋째 날이 되자 돌멩이 가격을 묻는 사람이 나타났다.
넷째 날이 되자, 몇몇이 돌멩이를 사고 싶어 했다.

고아는 스님을 찾아갔다.
"지금 돌멩이 가격이 올랐는데 팔아도 될까요?"
"이제 석기石器 시장에 가서 팔아라.
하지만 절대 팔면 안 된다."
고아는 돌멩이를 가지고 석기 시장에 갔다.
며칠이 지나자 사람들이 가격을 묻기 시작했다.
돌멩이값은 훨씬 올랐지만 고아는 여전히 팔지 않았다.

'이 돌멩이가 도대체 뭐지?'

사람들의 호기심은 더욱 커졌고 돌멩이값도 점점 올랐다.

고아는 스님을 찾아가 돌멩이를 팔아도 되는지 물었다.

"이제는 보석 시장에 가서 팔아라."

고아는 돌멩이를 가지고 보석 시장에 갔다.

그러자 이전과 똑같은 상황이 벌어졌다.

사람들은 돌멩이를 사고 싶어 안달이 났다.

돌멩이 가격도 보석보다 훨씬 비싸졌다.

"세상의 인간과 사물이 모두 이와 같다.

자신을 하찮은 돌멩이로 여기면 영원히 돌멩이로 남는다.

하지만 귀한 보석으로 여기면 보석으로 남는다."

만약 내가 이야기 속의 고아와 같은 상황이라면 어떻게 했을까?

나의 가치를 찾기는커녕 삶을 바꿀 용기조차 내지 못했을 것이다.

힘들 때마다 이 이야기를 떠올려라.

나의 가치는 스스로 결정하는 것이다.

스스로 능력이 없다고 여기면 할 수 있는 일은 없다.

하지만 자기 능력을 믿으면 쉬지 않고 노력할 것이다.

그러므로 좌절을 겪더라도 당당히 일어서야 한다.

돌. 꿈이 사라진 나에게

자신을 응원해야 할 사람은 바로 자신이다.
무엇보다 자신을 과소평가하지 마라.

66
성공의 아버지는 많지만,
실패는 언제나 고아다.
99

_ 이탈리아 속담

4.
위대한 신념의 공통점

• • • • •

사람들은 모두 희망과 이상을 품고 살아간다.

하지만 대부분은 비현실적이어서 시련이 닥치면 곧바로 현실과 타협한다.

이상을 구체적으로 그려 낼 수 있으면 현실처럼 분명해진다.

누구나 재벌로 태어나 재능까지 있다면 의과대학 진학은 쉬운 일일 것이다.

하지만 모든 조건을 버리고 떠돌이로 인생을 보낼 수 있을까?

아르헨티나의 혁명가 체 게바라*Che Guevara*가 그랬다.

그는 학업도 포기하고 집을 나와 게릴라를 조직했다.

쿠바의 혁명을 위해 싸우다 볼리비아 정부군에 잡혀 처형당했다.

그는 독재자의 횡포를 참을 수 없어서 혁명가의 삶을 살았다.

그는 오로지 평등하고 정의로운 세상에서 사람들이 살기를 바랐다.

인도의 마하트마 간디*Mohandas Gandhi*도 자신의 모든 것을 버렸다.

그리고 오로지 인도의 독립을 위해 헌신했다.

간디는 비폭력과 반파시즘을 주장하며 식민정권에 반대하는 단식투쟁을 벌였다.

그는 70의 나이에도 21일 동안 단식을 이어갔다.

그의 행동은 전 세계인을 감동하게 했으며 인도 국민을 더욱 단결시켰다.

체 게바라와 간디는 모든 것을 버리고 자신의 신념을 위해 싸웠다.

20세기 사람들은 크나큰 전쟁의 고통을 겪었다.

하지만 이런 혼란한 시대에도 수많은 사상가와 혁명가가 탄생했다.

전쟁의 잔인함은 상처를 남겼지만, 위대한 신념도 키워냈다.

세상의 모든 위대한 운동에는 위대한 신념이 담겼다.

• • • • •

사람들은 누구나 만족을 추구한다.

배불리 먹어야 하고, 편안한 집과 함께할 친구가 있어야 한다.

문화생활을 즐길 경제적, 시간적 여유도 있어야 한다.

미국의 심리학자 에이브러햄 매슬로*Abraham Maslow*는 욕구를 5단계로 나누었다.

둘. 꿈이 사라진 나에게

중요한 순서에 따라 아래에서 위로 피라미드로 설명했다.

1단계는 의식주처럼 생존에 필요한 가장 기본적인 욕구이다.

2단계는 신변 및 경제적 안전에 대한 욕구이다.

3단계는 가족과 친구 등의 관심과 소속에 대한 욕구이다.

4단계는 다른 사람의 인정과 존경을 받고 싶어 하는 욕구이다.

5단계는 자신의 꿈이 실현되기를 바라는 자아실현의 욕구이다.

위로 올라갈수록 각 단계의 욕구를 실현할 수 있는 사람이 줄어든다.

그러니까 5단계를 실현하는 사람이 가장 적다는 의미다.

자아실현의 욕구가 충족되면 그 아래 욕구가 그다지 중요하지 않다.

자아실현은 최고의 경험을 창조하며 최대의 만족을 느끼게 한다.

최고의 경험을 통해 희열을 느끼면 더 큰 성취를 위해 매진한다.

그래서 다른 욕구가 덜 중요해진다.

이상이 높을수록 더 많은 사람에게 영향을 끼친다.

꿈이 클수록 성취감도 커진다.

그런데 왜 자아실현의 욕구를 실현하는 사람이 가장 적을까?

그것은 중도에 포기하기 때문이다.

현실의 벽에 막히면 쉽게 포기하고 다른 욕구에서 만족을 찾는다.

누구나 자신만의 이상과 포부가 있지만, 끝까지 추구하는 사람은 드물다.

사람들은 포기를 위한 변명거리를 찾느라 이상과 포부를 점점 잊어버린다.

하지만 성공은 끝까지 포기하지 않는 사람에게만 주어진다.

이것이 위대한 사업을 이룰 수 있는 사람과 보통 사람의 가장 큰 차이다.

체 게바라는 다음과 같이 말했다.

"시인 파블로 네루다*Pablo Neruda*와 나는 모터사이클을 타며 여행하게 되었다."

체 게바라는 여름방학 때 아르헨티나에서 출발하여 남아메리카를 여행했다.

그런데 이 여행이 그의 일생을 완전히 바꾸는 계기가 되었다.

아르헨티나에 돌아온 그는 혁명군에 들어갔다.

파블로 네루다는 여행을 하면서 남아메리카의 문화를 보고 시어詩語가 풍부해졌다.

반면, 체 게바라는 그들에게서 전혀 다른 모습을 보았다.

그는 고통스럽게 살아가는 사람들을 직접 보자 가만히 있을 수 없었다.

의과대학을 다니던 그는 세상을 바로잡고 사람들을 구해야겠다고 결심했다.

체 게바라와 똑같은 여정으로 여행한 젊은이들이 있었을 것이다.

그런데 체 게바라처럼 생각한 사람은 한 명도 없었다.

그들이 여행에서 위대한 이상에 감명받지 못해서가 아니다.

자신의 이상을 자세하게 그려본 적도, 신념을 깊이 생각해본 적도 없기 때문이다.

세상의 모든 위대한 운동에는 위대한 신념이 담겨 있다.

하지만 위대한 신념이 위대한 운동을 만드는 것은 아니다.

위대한 신념을 끝까지 지킬 수 있는 사람은 드물기 때문이다.

• • • • •

자아실현에 이르려면 자기 이상이 무엇인지 분명하게 알아야 한다.

우선, 이상의 윤곽을 마음속에 간단히 그려보자.

그리고 구체적으로 채워 나가면 실천 방법을 찾을 수 있다.

이상의 청사진을 잘 그리는 사람이 이상을 끝까지 지켜낼 수 있다.

그들은 이상을 실현한 아름다운 모습을 상상하며 마음속에 간직한다.

'월트 디즈니'를 세운 월트 디즈니*Walt Disney*는 말했다.

"상상력을 발휘하여 성공한 모습을 그려라. 그러면 마법 같은 일이 벌어질 것이다."

그가 고향을 떠나 로스앤젤레스에 왔을 때는 가방 하나와 40달러가 전부였다.

좌절한 뒤라 실의에 빠져 있었지만, 늘 자신의 이상인 왕국을 머릿속에 그렸다.

성공한 뒤에 그는 다음과 같이 말했다.
"모든 것은 한 마리의 쥐로부터 시작되었다는 사실을 결코 잊어서는
안 된다."
그의 쥐 '미키 마우스', 그의 성공은 하나의 이상에서 시작되었다.
그의 이상은 전 세계인을 행복하게 만드는 현실이 되었다.

내 마음속에 뚜렷한 청사진이 없다면 무엇으로 기회를 포착하겠는가?
모든 위대한 일들은 불가능해 보이는 생각에서 출발한다.
이 생각이 비현실적이라도 큰일을 이루는 사람들은 이상을 소중히
여긴다.
그들은 자신을 의심하는 데 시간을 낭비하지 않는다.
오로지 그 꿈을 어떻게 이룰지만 생각한다.
이것이 바로 이상을 실현하는 유일한 방법이다.

66
매는 닭보다 낮게 날 수 있지만,
닭은 매처럼 높이 날 수 없다.
99

_ 러시아 작가, 이반 크릴로프Ivan Andreevich Krylov

둘. 꿈이 사라진 나에게

5.
잠
재
력
은

실
패
가

깨
운
다

• • • • •

나를 화나게 하는 일에 맞서 싸워야 할까, 아니면 피해야 할까?

나는 매일 이러한 선택을 마주한다.

이때는 나의 나약함을 이겨내고 거역할 수 없는 운명에 맞서야 한다.

그래야 삶이 불행과 고통의 전환점을 통과해 달콤한 열매로 바뀔 수

있다.

운명을 두려워하는 이유는 그에 맞설 용기가 없기 때문이다.

항상 눈앞의 문제에만 매달리는 일도 많다.

그래서 근심과 두려움조차 까맣게 잊어버린다.

내가 운명을 결정하거나 미래를 정확히 예측할 수는 없다.

하지만 맞서 싸우는 것만큼은 선택할 수 있다.

아니면 아무것도 하지 않고 가만히 고통을 견뎌도 된다.

사회를 위대하게 바꾸는 사람은 용기 있게 도전하는 사람이다.
그들은 인생의 새로운 문제를 해결하는 사람이다.
그들은 고통에 살더라도 사랑을 느끼고 용기를 낸다.
그들은 이런 힘이 있어서 쓰러지지 않는다.

●●●●●

나약함을 이겨내고 거역할 수 없는 운명에 맞서라.
〈볼레로*Boléro*〉는 작곡가 모리스 라벨*Maurice Ravel*의 마지막 발레곡이다.
이 곡은 그를 세상에 알린 작품이기도 하다.
불행하게도 그가 이 곡을 작곡할 때는 교통사고로 뇌를 크게 다친 상황이었다.
사고 후유증으로 자기 이름조차 쓰지 못했다.
통제력을 상실한 상태가 되어 더는 작곡이 불가능했다.

하지만 〈볼레로〉를 들어본 사람이면 누구나 안다.
이 곡은 리듬이 처음부터 끝까지 똑같다.
오직 크레셴도의 변화만을 활용해 선율을 9번 반복한다.
곡에서 뿜어져 나오는 흡인력 있는 선율은 한번 들으면 잊을 수가 없다.
뜻밖의 사고를 당했지만, 뜨거운 열정으로 자기 불행조차 다채롭게 해석했다.

뇌를 다쳐 작곡할 수 없다는 사실을 알았을 때 분명히 화가 났을 것이다.

하지만 수없이 많은 노력 끝에 작곡할 방법을 찾았다.

그는 닥친 삶을 용기 있게 마주했고 창의력으로 운명을 대적했다.

그는 그렇게 우아한 모습으로 작곡 활동에 마침표를 찍었다.

카를 구스타프 융*Carl Gustav Jung*은 성격이 운명을 결정한다고 했다.

난관을 딛고 성공한 사람들은 강인하고 끈기 있는 성격을 지녔다.

그들은 마지막까지 고군분투하며 절대 현실과 타협하지 않는다.

그래서 그들은 남과 다른 특별한 삶을 산다.

이미 사건이 발생했다면 예전으로 되돌릴 수는 없다.

무서운 것은 정해져 있는 운명이 아니라 문제를 회피하는 것이다.

더 무서운 것은 대응 방법을 생각조차 하지 않는 것이다.

자기 연민에 빠져 사는 것만큼 안타까운 일은 없다.

모리스 라벨처럼 장애물도 긍정적인 시각으로 바라보라.

생각을 바꾸면 불행을 기적으로 바꿀 수 있다.

• • • • •

위대한 성공을 이룬 사람들은 성공을 노력의 결과로 생각한다.

노력은 자기 잠재력을 깨우고 인생을 바꾼다.

성공한 사람은 자신의 목표를 명확하게 알고 있다.

그렇게 수도 없는 시도 끝에 한 번의 성공을 이룬 것이다.

그들은 실패하리라는 생각은 전혀 하지 않는다.

만족스러운 결과를 얻지 못하더라도 당연히 겪는 과정으로 여긴다.

목표를 아직 달성하지 못한 것이지 실패는 아니라고 생각한다.

그래서 그들은 계속 도전하고 노력한다.

토머스 에디슨*Thomas Edison*은 1,093개의 특허를 가졌다.

이것은 모두 수천 번의 시도 끝에 이룬 결과물이다.

그런데도 그는 미완의 작품이 많다고 했다.

그는 실패는 성공의 어머니라고 했다.

시도조차 하지 않으면 어떤 방법이 옳은지 알 수 없다.

에디슨도 실패를 실패로 여기지 않았다.

아직 방법을 찾지 못한 것은 실패가 아니다.

실패는 성공하는 방법을 찾아가는 과정이다.

문제에 부닥치면 에디슨처럼 포기하지 않는 정신을 떠올려라.

나도 끝까지 포기하지 않을 것이다.

지금 처한 상황이 최악이라는 생각이 드는가?

그러면 어떤 마음으로 문제를 대할지부터 생각하라.

그리고 용기를 내어 도전하라.

도전하는 동안 두려움 때문에 자신을 저평가했다는 사실을 알게 될 것이다.

항상 위기가 잠재력을 깨웠지 성공이 잠재력을 깨우지는 않았다.

용기 있게 상황을 직시하라.

어떻게 인생을 대할지는 내 생각에 달렸다.

늦었다는 생각이 들더라도 차분히 생각하라.

곧 상황을 극복할 기회가 있다는 사실을 깨닫게 될 것이다.

1%의 가능성이 있다면 포기할 일이 아니다.

삶의 전환점이 되는 기적은 마지막 순간에야 온다.

운명은 상황에 달린 것이 아니라 어떻게 마주할지 생각하는 데 달렸다.

66

모든 위대한 성공은
불가능해 보이는 일을 극복해서 이룬 것이다.

99

_ 영국 배우, 찰리 채플린Charlie Chaplin

둘. 꿈이 사라진 나에게

6.
뇌선의

의미

• • • • •

성공은 종종 연쇄반응을 일으킨다.

성공하면 다른 사람에게도 인정받기 때문이다.

인정은 또 다른 기회를 부르고, 기회는 변화를 부른다.

긍정적 변화는 더 높은 성과를 내고 더 큰 성공을 부른다.

이것이 성공의 연쇄반응이다.

세상에서 가장 좋은 것은 무엇인가?

사람마다 대답이 다를 것이다.

내가 가장 좋은 것이 무엇이든 그것은 홀로 나타나지 않는다.

내가 간절히 바라는 것이 돈인가?

그렇다면 인맥 관리를 배우거나 부자가 되는 조건을 갖춰야 한다.

어쨌건 성공을 원한다면 성공의 조건을 갖춰야 한다.

〈시크릿*The Secret*〉의 작가 론다 번*Rhonda Byrne*은 말했다.

"부의 법칙은 긍정적인 생각에 달려 있다."

긍정적인 생각에 집중하면 자석 같은 힘이 생긴다.

내가 바라는 모든 것을 끌어당긴다.

하지만 빠뜨린 것이 있다.

그녀의 말처럼 원하는 것을 바라면 이룰 수는 있다.

하지만 그것은 진정으로 원하는 것의 일부에 불과하다.

여기에 노력과 같은 조건을 더하면 진정한 목표가 이루어진다.

• • • • •

〈세 얼간이*3 Idiots*〉라는 영화는 10년이 된 지금도 사랑받는다.

영화는 일류 공과대학에 다니는 세 친구를 다룬다.

그들은 성적과 취업만을 강요하는 학교에서 꿈을 찾는다.

이 대학 학생들은 모두 영재다.

이들은 졸업 후 일류 기업에 들어가 최고가 되는 것이 꿈이다.

빈부 격차가 심한 인도에서 일류 대학과 대기업은 사람의 가치와 같다.

그래서 그들은 조금이라도 뒤처지면 심한 좌절감을 느낀다.

하지만 주인공 란초는 달랐다.

"성공을 따라가지 마라. 재능을 따라가면 성공은 따라온다."

란초는 평소에도 실용적인 것을 연구하는 데 몰두했다.

상을 타거나 학문적 성취를 위해서가 아니라 배움을 즐겼다.

란초는 두 친구에게도 성적보다 이상을 찾으라고 충고했다.

원하는 것을 갖지 못했다고 조급해하지 마라.

목표를 향해 꾸준히 정진하면 생각지도 못한 것들이 나타날 것이다.

마음속으로 사업의 성공을 바라는가?

그렇다면 사업을 이유로 가족의 희생을 강요하지 마라.

시간을 투자하고 소통하면 묵묵히 응원하는 가족이 힘이 된다.

좋은 일은 갑자기 나타나지 않는다.

인내심을 갖고 노력하면 저절로 나타난다.

• • • • •

한 번의 성공에는 생각지도 못한 것이 따라오기도 한다.

한 번의 성공이 더 큰 성공을 암시하는 것처럼 말이다.

왜냐하면, 성공하면 자신은 물론 다른 사람에게도 인정받기 때문이다.

자신을 인정하면 원대한 목표를 위해 더 큰 도전과 노력을 한다.

노력은 더 높은 성과를 내고 더 큰 성공을 부른다.

이것이 성공의 연쇄반응이다.

둘. 꿈이 사라진 나에게

어떤 일을 힘겹게 이루었는가?

하지만 다시 할 때는 쉽게 느껴진다.

성공을 통해 더 성공한 부자들은 말한다.

"처음 큰돈을 버는 게 가장 어렵다.

하지만 일단 돈을 벌면 이후에 돈을 불리는 것은 어렵지 않다."

돈이 돈을 불리는 것처럼 간절함도 더 많은 것을 부른다.

그래서 신중하게 행동해야 한다.

자신에게 물어보라.

"내가 추구하는 최선最善은 도대체 무엇인가?"

"힘을 쏟을 만큼 가치 있는 일인가?"

나에게 최선은 '행복'이다.

나는 다른 사람에게 행복을 줄 수 있는 능력을 원한다.

이것으로 내가 행복하고 다른 사람이 행복을 느끼게 하고 싶다.

어쩌면 행복은 우리가 세상을 살면서 이룰 수 있는 가장 좋은 일, 최선이다.

66
다수에게 행복을 가져다주는 사람이
세상에서 가장 행복한 사람이다.
99

_ 독일 경제학자, 칼 마르크스Karl Marx

둘. 꿈이 사라진 나에게

7. 도전하고 극복할 상대

• • • • •

"역사상 두각을 나타낸 사람들은 자신이 얼마나 대단한지 보여주려던 게 아니다.

그들은 자신이 그 일을 해낼 수 있음을 믿고 끝까지 해낸 것이다.

그들은 마음먹은 일을 하기 위해 마지막 순간까지 고군분투했다."

• • • • •

사람들은 세상이 불공평하다고 원망한다.

자신은 평범하며, 재능이 있어도 펼칠 곳이 없다고 투덜댄다.

나는 수많은 위인에게서 한 가지 사실을 깨달았다.

역사의 주인공들은 이름을 남기기 위해서 위대한 일을 한 게 아니다.

그들은 끊임없이 운명에 맞서 앞을 향해 나아갔던 사람들이다.

둘. 꿈이 사라진 나에게

자신이 대단하다는 것을 드러낼 궁리만 하면 성취하기 어렵다.
자신을 내세울 방법을 생각하면 이해득실부터 따지기 때문이다.
그래서 능력을 드러내기보다 문제를 해결하는 데 집중해야 한다.
그러면 시기의 차이가 있을지라도 언젠가 반드시 성공한다.

위대한 사람들의 공통점은 무엇일까?
그들은 어떤 시련을 겪더라도 자신의 목표를 이루었다.
그들은 자신이 얼마나 대단한지 보여주려던 게 아니다.
그들은 자신이 그 일을 해낼 수 있음을 믿고 끝까지 해낸 것이다.
그들은 마음먹은 일을 하기 위해 마지막 순간까지 고군분투했다.

• • • • •

사람들은 뛰어난 지능과 재능이 있어야 성공한다고 생각한다.
하지만 대니얼 골먼*Daniel Goleman*은 성공에는 감성이 더 중요하다고
했다.
지능지수*IQ*가 높은 사람은 성적이 높게 나오지 않으면 다음 테스트
를 포기한다.
혹은 여러 외부 요인을 핑계로 자신이 왜 이런 점수를 받았는지 설
명한다.
하지만 감성지수*EQ*가 높은 사람은 목표를 이룰 때까지 테스트에 적
극적으로 응한다.

또한, 성취감이 높은 사람들은 지능지수가 평균인 반면에 감성지수
는 매우 높았다.
바꾸어 말하면, 그들은 강한 인내심을 지녔다.

왜 인내심이 개인의 성공에 이렇게 중요할까?
감성지수가 높은 사람은 결과가 좋지 않거나 좌절을 겪어도 쉽게 의
기소침해지지 않는다.
그들은 오히려 목표에 더 집중하면서 최고의 능력을 발휘한다.
축구 선수들은 인터뷰에서 자주 이런 말을 인용한다.
"기회는 준비된 자의 것이다."

이 말은 '미생물학의 아버지'로 불리는 루이 파스퇴르^{Louis Pasteur}의 말
이다.
선수들은 승리한 이유가 혹독한 훈련을 감내했기 때문이라는 사실
을 잘 안다.
그들은 육체적, 정신적 한계에 부딪혀도 포기하지 않고 도전했다.
기량을 뽐내기 위해서가 아니라 경기장을 뛸 기회를 쟁취하기 위해
서다.
그들은 자신의 능력을 최대로 끌어올리면서 달리고 또 달렸다.
최고의 선수에게도 훈련은 재미없고 지루한 일이다.
하지만 그들은 기술을 향상하기 위해 이를 악물고 훈련한다.
경기장에서 겪게 되는 좌절과 고통을 원동력으로, 쉬지 않고 경기장

둘. 꿈이 사라진 나에게

을 누빈다.

심리학자 앨버트 밴두러*Albert Bandura*는 이렇게 말했다.
"인간은 모방을 통해 학습하는 동물이다."
사람들은 본받을 대상을 정해놓고 자신과 비교하고 대조한다.
대부분은 차이가 크다는 것을 발견하면 학습을 포기하거나 다른 대상을 찾는다.
하지만, 어떤 사람은 차이를 분석하고 자신을 평가해 고친다.
그리고 대상과 똑같아질 때까지 연습을 반복한다.
"훌륭한 학습자는 모방 대상보다 훨씬 뛰어난 모습을 보인다."

아무것도 안 하면서 꿈만 꾸면 아무 일도 일어나지 않는다.
내 앞을 가로막은 돌덩이를 옮겨 길을 터야 꿈의 언덕에 도달할 수 있다.
눈앞의 장애물이 아무리 크더라도 자신을 직시하고 강인하게 도전해야 한다.
다른 사람에게 도전하는 것보다 자신을 극복하는 게 훨씬 어렵다.

〈스타로부터 스무 발자국*20 Feet From Stardom*〉을 본 적이 있는가?
이 영화는 스타들의 뒤에서 코러스 가수로 활동하는 사람들을 다룬다.
그들의 가창력은 무대 위 스타에 절대 뒤지지 않는다.

하지만, 그들은 스무 발자국 떨어진 곳에서 주인공을 돋보이게 해야
한다.

영화의 마지막에 코러스 가수가 스타가 되기 어려운 이유가 나온다.
그들은 스타가 될 수 있다는 믿음과 끈기가 부족하다.
그래서 중도에 포기하거나 현재의 모습에 만족한다.
그러면서 코러스 가수로서 하는 일에 더 힘을 쏟는다.
그래서 그들은 스타들의 뒤에 서 있을 수밖에 없다.

나는 이 영화로 내게 가장 무서운 적이 바로 '나'라는 사실을 깨달았다.
역사상 두각을 나타낸 사람들이 도전한 상대는 다름 아닌 자신이
었다.
외부의 비난보다 마음속 나약한 생각이 더 자신을 힘들게 한다.
이것은 마치 도공이 옹기를 만드는 과정과 같다.
도공은 옹기를 깨부수고 굽는 과정을 수없이 반복한다.
이러한 과정을 거쳐야 더 훌륭한 옹기를 만들 수 있기 때문이다.

외부의 비난과 시련이 나쁜 일만은 아니다.
이러한 고난은 실력을 키우기 위해 반드시 거쳐야 하는 과정이다.
다이아몬드도 표면의 불순물들을 제거하고 갈고 깎아야 빛나지 않
는가?
어쩌면 나는 그럭저럭 살면서 주어진 일만 할 수도 있다.

둘. 꿈이 사라진 나에게

하지만 나는 고군분투하며 앞을 향해 끊임없이 나아갈 것이다.
좌절에서 느끼는 패배감은 더 나은 나를 만들 것이다.
나는 부족함을 느낄 때마다 겸손해지고 배우기 위해 노력할 것이다.

66

성공은 사다리와 같다.
'기회'는 사다리의 긴 막대기고,
'능력'은 긴 막대기 사이에 댄 나무다.
긴 막대기만 있고 가로댄 막대기가 없으면
사다리는 쓸모가 없다.

99

_ 영국 소설가, 찰스 디킨스Charles Dickens

셋

현실이
괴로운
나에게

"
목표를 다시 세우고 인성의 빛으로 암담한 기운을 물리쳐라.
"

1.

나와 내 그림자

• • • • •

자신을 좋은 사람이라고 생각하면 올바른 행동으로 그 생각을 증명한다.

선한 마음으로 다른 사람의 행동을 이해한다.

또한, 긍정적인 생각으로 자신에게 닥친 일을 대처한다.

하지만 자신을 나쁜 사람이라고 생각하는 사람은 세상에 적대적이다.

무엇보다 부정적인 마음으로 다른 사람의 행동을 이해한다.

나와 죽을 때까지 함께 할 사람은 누구인가?

다른 세상에 가더라도 떠나지 않을 사람은 누구인가?

그 사람은 이 세상에서 나와 가장 친한 사람이다.

그 사람은 바로 나 자신이다.

'나'는 죽을 때까지 내 곁에 가장 오래 있을 사람이다.

삶의 거대한 흐름에서 발생하는 모든 일을 오직 내가 가장 잘 안다.

하지만 타고르^{Rabindranath Tagore}의 생각은 달랐다.

자신의 본 모습을 보지 못하면 '나'는 내 그림자에 불과할 뿐이다.

자신을 어떤 사람이라고 단정하면 그 사람을 만들려고 하므로 진실하지 않게 된다.

게다가 우리는 현재 상황에 비추어 자신을 이해한다.

기분 좋은 일이 생기면 즐거운 심리 상태를 드러낸다.

좌절을 겪으면 자신을 형편없는 사람으로 여긴다.

타고르는 우리가 보는 것은 자신의 진실한 모습이 아니라 그림자라고 했다.

• • • • •

한 개인에게는 무척 다양한 모습이 있다.

그런데 대부분 사람은 자신의 뛰어난 능력에만 관심을 둔다.

그리고 다른 사람들이 자신의 좋은 면만 보기를 바란다.

그래서 나쁜 성격이나 안 좋은 모습을 숨기기도 한다.

사람은 선량한 면이 있지만, 마음속 깊은 곳에는 어두운 모습도 있다.

구스타프 융^{Carl Gustav Jung}은 '자아는 외부 세계에 드러난 가면에 불과하다'고 했다.

이 가면이 바로 '성격'이다.

'진실한 자아'는 마음속에 감춰져 있어서 쉽게 드러나지 않는다.

심지어 자신조차 알아차리지 못한다.

'자아'는 매우 중요한 개념이다.
'자아'는 자신에 대한 사람들의 인정이기 때문이다.
자신을 좋은 사람이라고 생각하는 사람은 올바른 행동으로 그 생각을 증명한다.
선한 마음으로 다른 사람의 행동을 이해한다.
또한, 긍정적인 생각으로 자신에게 닥친 일을 대처한다.

하지만 자신을 나쁜 사람이라고 생각하는 사람은 세상에 적대적이다.
무엇보다 부정적인 마음으로 다른 사람의 행동을 이해한다.
사람은 어떤 생각에 매몰되면 자기 생각을 증명할 자료를 찾아 그 방향으로만 일을 전개한다.

이처럼 인간은 주관적인 생각으로 사물을 해석한다.
오로지 자기 생각만으로 다른 사람을 해석하고 미지의 사물을 추측한다.
그리고 직접 본 것만 믿기 때문에 자신이 본 모든 것을 진실이라고 믿는다.
하지만 세상이 이렇게 단순하면 얼마나 좋을까?
세상일은 한 번에 이해될 수도 없지만, 선입견이 생기면 쉽게 바뀌지도 않는다.

이것이 인간관계에서 자주 오해를 일으킨다.

사물을 바라보는 관점이 제각각이므로 똑같은 일도 해석이 복잡해진다.

다른 사람이 어떤 이유로 행동했는지 추측할 수는 있다.

하지만 내 생각이 옳다고 장담할 수는 없다.

단지 우리의 주관적인 생각으로 그렇다고 판단할 뿐이다.

• • • • •

할 수 있다고 믿으면 할 힘이 생긴다.

로버트 로젠탈*Robert Rosenthal*은 자신을 보는 관점이 얼마나 중요한지 실험했다.

우선 전교생의 IQ를 검사하고 일부 학생을 선발했다.

선발된 학생과 선생님에게는 검사 결과를 말해주었다.

하지만 그들은 검사 결과가 실제와 다르다는 사실을 몰랐다.

그러자 결과가 높다고 들은 학생들은 더 열심히 공부했다.

선생님도 이 학생들에게 더 많은 칭찬과 격려를 해주었다.

그 결과, 다른 학생보다 성적이 훨씬 향상되었다.

반대로 결과가 낮다고 들은 학생들은 공부에 관심이 떨어졌다.

선생님의 지도 방식도 달라져 학생은 능력을 제대로 발휘하지 못했다.

셋. 현실이 괴로운 나에게

실험은 지능보다 자신에 대한 기대가 더 중요하다는 사실을 증명
한다.

사람은 누구나 자아실현의 능력을 갖췄다.

마음속 자신이 진짜인지 아닌지는 분별하기 어렵다.

그래서 자신을 대하는 태도가 무엇보다 중요하다.

나는 나를 어떻게 대하는가?

할 수 있다고 믿으면 할 힘이 생긴다.

66
자신감을 가져라.
그런 뒤에 전력투구하라.
이 생각만 있으면 어떤 일도 성공할 수 있다.
99

_ 미국 제3대 대통령, 토머스 제퍼슨 Thomas Jefferson

2.
세상이
나를
속일까

• • • • •

현실을 받아들여야 문제를 해결할 수 있다.
어떤 사람을 죽음으로 모는 것은 현실의 비참함이 아니다.
그 사람을 죽음으로 모는 것은 그 일로 느끼는 절망감이다.

선생님은 늘 '장래 희망'과 같은 제목으로 글을 쓰게 했다.
많은 아이가 대통령이나 사장처럼 큰 꿈을 적었다.
하지만 전기 기술자나 목수 같은 꿈을 적는 아이는 거의 없었다.
그때 우리는 너무 어려서 자신의 능력과 재능을 잘 몰랐다.

나이가 들고 사회 경험이 쌓이자 희망도 바뀌었다.
"돈을 많이 벌고 빨리 은퇴하자."
"마흔이 되면 새로운 일을 하자."
성공한 친구들을 보며 나도 성공할 수 있다고 확신했다.

그들보다 더 많은 돈을 벌어 행복해지리라 확신했다.
그러다 더 나이가 들어 꿈을 이룰 힘이 없다는 사실을 알게 됐다.

어른이 되어 생각해보면, 부모님이나 선생님에게 속았다는 기분도
든다.
노인이 되어 젊은 시절을 떠올리면, 열정만 넘쳤다고 느껴진다.
대부분 사람은 현실을 진지하게 바라보지 않는다.
다른 사람이 말해주는 이야기를 당연한 사실로 여긴다.
그리고는 비현실적이던 꿈이 물거품이 되어서야 깨닫는다.
하지만 내가 세상을 잘못 본 것이지 세상이 나를 속인 게 아니다.

• • • • •

심리학자 칼 로저스_Carl Rogers_가 분석한 우울증 원인은 이렇다.
내가 아는 현실과 마음속 이상에 차이가 벌어진다.
자신이 적응할 수 있는 범위를 초과하면 절망감이 커지기 시작한다.
문제는 재능이 뛰어나다고 여긴 사람이 자주 좌절과 실패를 겪을
때다.
그러면 현실과 이상에 격차가 벌어져 우울증을 일으킨다.

이런 상황에 직면하면 현실과 이상의 격차를 줄이려고 노력한다.
이런 사람은 우울하고 의기소침해져도 훌훌 털어버린다.

하지만 어떤 사람은 자신과 세상을 부정하기도 한다.
더욱 우울해지고 현실에서 도피하려고 몸부림친다.
그래서 좌절에 긍정적일수록 인생에 실패할 확률이 낮다.
긍정적이어야만 현실을 바꿀 기회도 많아진다.

불행은 우리에게 고통을 몰고 온다.
하지만 우리도 불행에 적극적으로 대응할 수 있다.
우리를 죽게 하는 것은 현실이 아니라 절망이다.
우리는 현실에 절망을 느끼기 때문에 무너진다.
현실에 대처하는 가장 좋은 방법은 받아들이는 것이다.

현실을 제대로 바라보고 받아들여야 방법을 찾을 수 있다.
시련을 마주했다면 세상을 원망하며 울어도 좋다.
하지만 시련에는 더 나쁜 것이 따라온다는 사실을 기억하라.
그것은 현실을 똑바로 바라보고 받아들이지 않는 것이다.

• • • • •

사람들은 현실이 냉혹하다며 현실을 똑바로 보려 하지 않는다.
그래서 꿈이 있어도 눈을 가린 채 성급하게 행동한다.
현실을 제대로 알면 꿈이 저 멀리 사라질 것처럼 말이다.
하지만 현실을 분명하게 이해하는 것은 꿈을 실현하는 지름길이다.

꿈을 이루려면 현실의 제약을 극복해야 한다.

현실의 제약을 극복하려면 무엇보다 현실을 분명하게 이해해야 한다.

현실을 분명하게 이해하면 나만 옳다는 생각과 헛된 기대에서 벗어날 수 있다.

지나치게 낙관적이거나 진지하지 않다면 주어진 기회도 놓칠 수 있다.

사람들은 나쁜 일은 최악으로 생각하고 좋은 일은 좋게만 생각한다.

하지만 상황은 동전의 양면처럼 변한다.

짜증스런 일도 잘 해결하면 생각지도 못한 결과를 만든다.

반대로, 좋은 일 뒤에는 안 좋은 일이 따라올 수 있다.

그러므로 세상을 냉정하고 객관적으로 바라보라.

냉정한 시각만이 나의 현재 상황을 파악하는 데 도움이 된다.

조금만 바꿔 생각하면 최악의 상황은 존재하지 않는다.

하늘이 무너져도 솟아날 구멍은 있다고 하지 않는가!

최악의 상황은 놀랍게도 상황을 바꿀 가능성을 만든다.

그러니 불공정한 세상이라고 원망부터 하지는 마라.

우리에게 닥친 일들은 그저 발생한 개별적 사건에 불과하다.

그러니 최악의 상황처럼 확대해석할 필요는 없다.

만약 세상이 나를 속였다고 느낀다면 이렇게 생각해보라.

"신경 쓰지 말자. 이건 우연히 생긴 일일 뿐이다!"

셋. 현실이 괴로운 나에게

66

사람들은 자신의 신념이
정확하다고 오해하고 있다.

99

_ 로마 시인, 푸블리우스 오비디우스 나소Publius Ovidius Naso

3.

변명과 행동의 차이

●●●●●

"사람들은 해야 할 일이 있어도 하지 않을 이유를 찾다 때를 놓친다.
하지만 어떤 상황이든 마음만 먹으면 무엇이든 할 수 있다.
사람들은 사고에만 머물고 행동으로 옮기지는 않는다.
사람들은 '하고 싶다'와 '한다' 사이에서 고민하다 때를 놓친다.
그 이유는 이 일을 해야겠다는 결심이 서지 않아서다."

타고르가 이 시를 쓸 때, 인도는 전쟁 중이었다.
사람들은 굶주림과 질병 속에서 하루하루를 살았다.
하지만 재산이 많은 부자와 교육받은 지식인은 그들을 돕지 않았다.
타고르는 사람들이 입으로만 떠드는 현실을 안타깝게 생각했다.

가난한 스님과 부자 스님에 관한 이야기이다.
부자 스님은 돈을 모아야 성지순례를 할 수 있다고 여겼다.

그런데 부자 스님이 돈을 모으는 동안 가난한 스님은 성지순례를 다녀왔다.

어떤 일을 하더라도 완벽하게 준비하고 시작할 이유는 없다.

공자도 "두 번만 생각하라."고 했다.

특히 다른 사람들을 돕는 일은 마음만 있다면 당장 하면 된다.

• • • • •

20세기는 불안의 시대였지만, 많은 위인이 탄생한 시대이기도 했다.

그중 우리가 가장 존경하는 인물은 테레사*Teresa* 수녀이다.

그녀는 인도 콜카타에서 가난한 사람을 돕는 데 평생을 바쳤다.

테레사 수녀의 전기에 자선사업을 시작한 계기가 적혀 있다.

어느 날, 테레사 수녀는 기차 안에서 밖을 바라보았다.

그러다가 어떤 부랑자가 나무 밑에서 죽어가는 모습을 발견했다.

그를 도와야겠다는 생각에 내리려 했는데, 기차는 그 순간 출발했다.

그녀가 다시 돌아왔을 때, 부랑자는 죽어 있었다.

그녀는 이 일을 무척 후회했다.

테레사 수녀는 이 일을 가난한 사람을 도우라는 신의 계시로 생각했다.

수도원에 돌아온 테레사 수녀는 신부님과 대주교님에게 의견을 구

셋. 현실이 괴로운 나에게

했다.

하지만 그들은 성급하게 결정하기보다 신중하게 행동하라고 했다.

그런데도 그녀는 지체할 수 없었다.

가난한 사람들의 고통 받는 모습이 눈앞에 아른거렸다.

그녀는 곧바로 로마 교황청에 편지를 썼다.

수녀원을 떠나는 것을 허락해달라고 했다.

교황의 허락을 받은 테레사 수녀는 자선활동을 시작했다.

그녀는 자신만의 신념을 가지고 있었다.

'죽어가는 이들을 위한 집'을 만들어 가난한 사람에게 제공했다.

이렇게 그들이 인생의 마지막 길을 존엄하게 가도록 도왔다.

테레사 수녀도 홀로 인류의 빈곤을 해결할 수 없다는 사실을 알았다.

이 문제는 정치가나 경제학자의 도움이 필요했지만, 손을 놓고 기다
릴 수는 없었다.

"여러분이 한 사람을 도울 능력이 있다면 지금 당장 도와주세요!

천 명을 도울 능력이 생길 때까지 기다릴 필요는 없습니다."

그녀는 다른 사람을 도울 수 있다면 어떤 기회도 포기한 적이 없다.

머뭇거리는 몇 초에도 도움이 필요한 많은 사람이 죽어가기 때문이다.

우리는 살아가면서 당장 해야 하는 일과 마주하게 된다.

하지만, 당장 하기는커녕 하지 않는 변명거리를 찾느라 때를 놓친다.

어떤 상황이든 다른 사람을 도우려는 마음만 있으면 무엇이든 할 수 있다.

내가 머뭇거리는 사이에 되돌릴 수 없는 상황이 벌어진다는 사실을 기억하라.

• • • • •

1964년 3월 13일 새벽 3시 20분, 미국 뉴욕의 어느 아파트에서 벌어진 일이다.

캐서린 제노비스*Catherine Genovese*가 귀가하던 중에 괴한을 만났다.

"도와주세요! 도와주세요! 괴한에게 찔렸어요!"

그녀의 비명을 들은 주민들이 불을 켜고 밖을 내다보자 괴한이 도망쳤다.

하지만, 잠시 후 불이 꺼지는 것을 보고 괴한이 돌아와 그녀를 다시 찔렀다.

그녀가 소리를 지르자 괴한은 다시 계단 사이에 몸을 숨겼다.

그녀가 괴한과 몸싸움을 벌이는 동안 주민 38명이 이 광경을 목격했다.

하지만, 그녀를 구하기 위해 나온 사람은 한 명도 없었다.

심지어 경찰에 신고한 사람조차 없었다.

결국, 그녀는 무참히 살해되었고 범인은 도망쳐버렸다.

이 사건은 사람들을 충격에 빠뜨렸다.

목격자가 많으면 방관하는 심리 현상을 '제노비스 신드롬'이라고 부르기도 했다.

만약 주민이 한 명이었다면 틀림없이 경찰에 신고했을 것이다.

그녀를 도울 다른 사람이 없었기 때문이다.

나는 반드시 해야 할 일이 닥쳤을 때 어떻게 할 것인가?

테레사 수녀처럼 나 아니면 안 된다는 마음으로 행동할까?

사람들은 반드시 해야 하는 일이 생기면 여러 가지 변명을 늘어놓는다.

그리고 서로에게 책임을 떠넘기느라 소중한 기회를 놓친다.

그렇게 되면 기회를 놓쳤다는 것을 핑계로 하지 않은 더 많은 이유를 만든다.

그리고 이제는 해도 소용없다고 말한다.

> 66
> 이를 뽑더라도 여러분이 가지고 있는
> 가장 좋은 물건을 세상에 바쳐라.
> 99

_ 마더 테레사Teresa

4.

용기란

무엇인가

• • • • •

다른 사람의 비판과 지적을 두려워하지 마라.

비판과 지적이 없다면 어떻게 발전할 수 있겠는가?

잘못 때문에 좌절과 패배감을 느끼는 것은 당연하다.

하지만, 잘못을 경험하지 않으면 옳은 방법을 어떻게 알겠는가?

잘못을 저지른 뒤의 결과는 누구나 두렵다.

내가 구축한 다른 사람의 신뢰를 잃을 수 있기 때문이다.

그래서 어른들은 우리에게 늘 이야기한다.

"실수나 잘못을 하지 않도록 매사에 조심하고 신중해야 해."

하지만, 나는 사람이지 기계가 아니다.

그래서 힘들거나 뜻밖의 일이 발생했을 때 종종 실수를 저지른다.

물론 잘못을 해서는 안 되지만, 벌어진 잘못이라면 어떻게 대처하느냐가 중요하다.

이것으로 사람의 됨됨이를 알 수 있기 때문이다.

공자도 어린아이에게 잘못을 지적받은 적이 있다.

하지만 공자는 부끄러워하거나 화를 내지 않았다.

오히려 '생이지지生而知之'를 '지지위지지 부지위부지 시지야知之爲知之
不知爲不知 是知也'라고 했다.

즉, '배우지 않아도 태어날 때부터 안다'고 했던 것을 '아는 것을 안
다고 하고 모르는 것을 모른다고 하는 것이 바로 아는 것이다'라고
했다.

잘못을 바로잡을 줄 아는 공자의 모습에 제자들은 더욱 존경했다.

어떤 사람은 자신의 잘못을 감추기 위해 말도 안 되는 거짓말을 한다.

자신의 잘못을 들키지 않고 신뢰를 잃지 않기 위해서다.

그러나 잘못을 감추기 위해 거짓말하는 것이야말로 신뢰를 잃는 행
동이다.

오히려 자신의 잘못을 인정하는 사람이 존중받는다.

• • • • •

파나마 대통령 리카르도 마르티넬리Ricardo Martinelli의 이야기다.

그는 여권에 국장國章을 잘못 인쇄한 일로 TV에 나와 공개 사과했다.

셋. 현실이 괴로운 나에게

4시간이 넘도록 사과가 계속되자 국민이 전보를 보내 그만하라고 건의했다.
그런데도 대통령은 멈출 줄 몰랐다.

그때 해외에 머물던 한 자국민이 대통령에게 전화를 걸었다.
"대통령님! 국민의 목소리에 귀 기울이지 않으면 국민이 앞으로 대통령을 믿을까요?"
"제가 저지른 잘못을 용서해주시겠습니까?"
"예, 대통령님, 용서합니다."

이 장면이 방송에 나가자, 파나마 국민은 모두 흥분하여 큰소리로 외쳤다.
"대통령님, 우리는 당신을 용서합니다."
대통령은 카메라를 향해 머리 숙여 사과했다.
"사랑하는 국민 여러분, 감사합니다!"
그는 자신의 잘못을 용기 있게 인정하고 국민의 이해와 용서를 구했다.

사람들은 잘 사과하지 않는다.
사람들은 사과하는 것을 약점 잡히는 일로 생각한다.
하지만 사람들이 사과하지 않는 진짜 이유는 나약하기 때문이다.
이것이 아니라면 그들은 분명히 거만한 것이다.

거만한 사람은 자신의 잘못을 인정하지 않는다.

잘못을 인정하면 그동안 쌓은 이미지에 타격을 입는다고 생각한다.

그저 시간이 흘러 사람들의 기억 속에서 잊히기를 바랄 뿐이다.

하지만 잘못을 인정할 줄 모르면 잘못을 만회할 기회도 잃는다.

무엇보다 잘못에 대한 죄책감 속에 살아야 한다.

또한, 잘못을 덮기 위한 거짓말은 또 다른 거짓말을 낳는다.

거짓말을 들킬까 봐 조마조마한 마음으로 살면 인생이 얼마나 괴롭
겠는가!

• • • • •

유럽 사람들은 '그들'을 신의 사자使者로 숭상했다.

'그들'이 소유한 권력과 지위는 왕이나 국가 지도자보다 훨씬 강했다.

이것은 15세기 로마 가톨릭교회의 모습이며, '그들'은 바로 성직자들
이었다.

15세기 유럽인은 거의 '그들의 신도'였다고 해도 과언이 아니다.

가톨릭교회는 신성하고 숭고한 지위를 가졌고 정치적 권력도 장악
했다.

그들은 여성에게 제멋대로 마녀라는 죄명을 덮어씌우고 불에 태워
죽였다.

셋. 현실이 괴로운 나에게

그들은 돈을 모으기 위해 신도들에게 면죄부를 팔았다.

이러한 행위는 그들이 증오한 마녀와 전혀 다르지 않았다.

하지만, 무지한 사람들은 화를 당할까 두려워 순종할 수밖에 없었다.

이때 로마 가톨릭교회에 반기를 든 사람이 나타났다.

그가 독일의 종교개혁가 마틴 루터 *Martin Luther* 다.

그는 성직자를 통해 하느님과 소통하는 것을 반대했다.

인간을 구원해줄 대상은 같은 인간인 교황이 아니라 오로지 하느님이라고 주장했다.

그가 선택한 길은 험난했다.

당시는 교황의 노여움을 사면 죽을 수도 있는 시대였다.

그런데도 옳은 일, 잘못을 바로잡는 일을 꿋꿋이 해나갔다.

그는 사람들에게 그들이 믿는 종교가 틀렸음을 증명했다.

그의 굳건한 믿음은 종교개혁 운동이 되어 불길처럼 일었다.

세상일이란 게 그렇다.

이것은 '엄이율기 관이대인 嚴以律己 寬以待人'이다.

자신에게는 엄격하고 다른 사람에게는 너그럽게 대하라는 뜻이다.

자신의 잘못은 용기 있게 인정하고 다른 사람의 잘못은 용서할 줄 알아야 한다.

또한, 내가 다른 사람에게 원하는 것을 나도 다른 사람에게 해줘야 한다.

잘못을 저지르지 않는 사람은 없다.
하지만, 잘못을 통해 무언가 깨달아야 하고 그 깨달음을 명심해야
한다.
다른 사람의 비판과 지적을 두려워하지 마라.
비판과 지적이 없다면 어떻게 발전할 수 있겠는가?
잘못 때문에 좌절과 패배감을 느끼는 것은 당연하다.
하지만, 잘못을 경험하지 않으면 옳은 방법을 어떻게 알겠는가?

66
사소한 일에 경솔한 태도를 지닌 사람은
큰일을 해낼 수 없다.
99

_ 미국 과학자, 알베르트 아인슈타인Albert Einstein

셋. 현실이 괴로운 나에게

5.
외로움이 주는 선물

• • • • •

사람은 행복하게 살 수도, 고통스럽게 살 수도 있다.

그런데 이 결정은 내 생각에 달려 있다.

내가 외부의 상황을 통제할 수는 없다.

하지만, 상황에 대한 내 생각은 통제할 수 있다.

타고르는 시인이자 사상가였다.

그의 시는 깊이가 있으며 철학적 요소가 담겼다.

타고르는 사람들이 시끄러운 군중 속에 들어가는 이유를 이렇게 말했다.

"내면 깊은 곳의 외침을 시끌벅적한 사람들 속에 침몰시키기 위해서."

사람들은 우울할 때 혼자 있는 것을 두려워한다.

혼자 있으면 여러 가지 생각, 특히 기분 나쁜 생각이 끊임없이 떠오

셋. 현실이 괴로운 나에게

른다.

이때는 잊고 있던 사소한 일도 바늘이 되어 마음을 찌른다.

이때 마음을 통제하지 못하는 사람은 술이나 다른 사람에 의지하려고 한다.

하지만 이런 방법에는 분명한 한계가 있다.

잠깐의 시간이 지나면 고통은 몇 배가 되어 돌아온다.

• • • • •

자신의 나약함을 마주하는 것은 받아들이기 힘든 일이다.

하지만, 나약함은 나를 돌아볼 수 있는 가장 좋은 방법이다.

평상시에 깊이 생각해본 적이 없는 '나'에 관해 생각해보자.

오히려 현대인은 다른 사람과는 언제든지 소통한다.

하지만, 그럴수록 내면의 소리에 귀를 기울이는 일은 적다.

현대에는 혼자 지내는 것이 생각보다 어렵고 노력이 필요한 일이다.

혼자가 되면 심리적인 문제를 스스로 판단하고 해결해야 하기 때문이다.

그래서 예술가들은 혼자 있는 시간을 소중하게 여긴다.

그들은 혼자일 때, 일상생활의 자질구레한 굴레에서 벗어난다.

그리고 얽혀 있는 생각의 실마리를 정리해 글로, 그림으로, 음표로 바꾼다.

혼자 지내는 것은 참으로 고통스러운 길이다.

특히, 나를 괴롭히는 일이 마음속에 꽉 차 있으면 더욱 그렇다.

하지만 혼자 지내는 것도 자신을 강하게 만드는 방법이다.

이는 다른 사람에게서 자기 권리를 되찾아오는 방법이다.

그리고 오로지 자신만을 위한 시간과 공간을 쟁취하는 방법이다.

삶의 질이 높은 사람은 다른 사람과도 잘 어울린다.

그리고 자신의 참모습을 마주하는 것을 두려워하지 않는다.

다른 사람과 관계를 맺으려고 애쓰지도 않고 피하지도 않는다.

굳이 혼자 지낼 생각도 하지 않지만, 혼자 지내는 것을 두려워하지도
않는다.

하지만 증오심, 의심, 죄책감이 들 때 혼자 자아를 마주하면 어떨까?

이것은 낯선 사람을 대하는 것보다 더 고통스러운 일이다.

가려지지 않은 내면의 분노와 죄책감을 피할 수 없기 때문이다.

이때 마음속에는 악마가 자리해 자아를 괴롭히기 시작한다.

사람은 행복하게 살 수도, 고통스럽게 살 수도 있다.

그런데 이 결정은 내 생각에 달려 있다.

심리학자 아들러*Alfred Adler*는 상처와 고통을 극복하면 더 크게 성취할
수 있다고 했다.

실제로 그는 소아마비에 걸려 한쪽 다리가 불편했다.

이 때문에 열등감에 사로잡혔었지만, 세상 사람들에게 이렇게 외쳤다.

"열등감은 성취의 걸림돌이 아니라 분발하고 발전하게 하는 힘입니다.

물론 열등감을 극복하려고 노력한다면 말이죠."

아들러는 신체적 열등감을 극복하고자 학술적 성취를 위해 노력했다.
결점이 반드시 고통을 가져다주는 것은 아니다.
사람들은 부족함을 느낄 때 용기를 내어 불가능에 도전한다.
그러므로 좌절과 시련이 닥쳐도 숨거나, 고통을 피하거나, 물질적 만족을 택하지 마라.
내게 닥친 시련의 의미를 깊이 생각하고 문제를 해결할 힘을 길러라.

● ● ● ● ●

군중 속으로 들어간다고 해서 나약함을 숨길 수는 없다.
그보다는 고통을 피하는 다른 방법을 선택하라.
이제 시선을 내게서 도움이 필요한 다른 사람에게 옮겨라.
불행한 일을 겪고 나면 다른 사람의 마음을 더 잘 이해하게 된다.
다른 사람을 돕다 보면 자기 일을 걱정할 겨를이 없다.
이것이 고통을 잊는 가장 완벽한 방법이다.

마틴 셀리그만^{Martin Seligman}은 '긍정이 어떻게 우울을 이겨내는지' 연구했다.

그는 우울증 환자가 진실하게 다른 사람을 도울 때 증세가 약화한다는 사실을 발견했다.

이 방법은 어떤 심리 치료보다 효과적이었다.

다른 사람을 도우면서 느끼는 자아에 대한 긍정과 도움받은 사람이 느끼는 기쁨이 행복감을 향상했다.

이것이 데일 카네기^{Dale Carnegie}가 말한 "장미꽃을 선물한 사람의 손에는 꽃향기가 남는다."는 것이다.

다른 사람에게 얻은 즐거움은 금세 사라지고 허전한 마음을 채울 수도 없다.

생각을 바꾸어 다른 사람에게 즐거움을 선사하라.

그러면 다른 사람에게 얻는 보답이 훨씬 커질 것이다.

모든 일이 뜻대로 되지 않을 때 타고르의 이 말을 기억하라.

"내면의 소리에 귀 기울이고 우울을 기쁨의 원동력으로 바꾸어라.

자신뿐만 아니라 다른 사람을 도와라.

이렇게 하면 진정한 마음의 평화를 느낄 수 있을 것이다."

66

　　방 안에 홀로 있을 때보다
밖에 나가 사람들과 어울릴 때 더 외롭다.

　　　　　　　　　　　　　　99

_ 미국 작가, 헨리 데이비드 소로Henry David Thoreau

6.
신념을
지키는
밤

• • • • •

힘은 한계가 있다.

힘으로 무언가를 성취하려고 하면 성공할 수는 있다.

하지만, 친구는 사라지고 외로움만 남는다.

그보다는 서로 돕고 인정해주며 공통의 꿈을 함께 실현하라.

그러면 진정한 승자가 될 수 있다.

최근 뉴스에 가정폭력이 자주 등장한다.

그런데 놀랍게도 가해자들은 늘 당당하다.

"가족이 내 말을 듣지 않으니까 때린 거죠."

사랑받고 존중받고 싶은 마음이 폭력으로 해결될까?

폭력에서 진리가 나오는가, 아니면 폭력이 목표를 이루는 유일한 방법인가?

아돌프 히틀러*Adolf Hitler*는 총으로 폭력을 행사한 인물이다.

그는 국회를 조종해서 권력을 장악했고 파시즘을 펼쳤다.

유대인과 반파시스트들은 모두 잡아들였다.

히틀러의 독재는 성공한 듯했다.

하지만 그의 목표였던 제1차 세계대전에서 당한 치욕을 씻지는 못
했다.

오히려 전 세계가 나치를 증오하게 되었다.

타고르는 이런 시를 남겼다.

"부드러움과 자비는 연약하지만 꺾이지 않는 새싹과 같다."

간디나 마틴 루서 킹과 같은 위인들은 비폭력으로 자신의 이념을 지
켰다.

그들에게 힘이 없었던 것도, 무기를 살 돈이 없었던 것도 아니다.

그들이 폭력으로 맞서지 않은 이유는 간단하다.

폭력은 무고한 사람의 생명을 앗아가기 때문이다.

• • • • •

위인들에게는 행복과 존엄을 지켜내는 것이 이상이다.

이것을 폭력이나 권력으로 이룰 수는 없다.

폭력과 권력은 끝없는 분쟁의 실마리만 만들 뿐이다.

그래서 그들은 평화적인 방법으로 자신의 이상과 신념을 실현했다.

셋. 현실이 괴로운 나에게

헨리 데이비드 소로는 정부의 노예제도를 반대했다.

그는 사람이 그 누구에게도 재산이 될 수 없다고 생각했다.

그는 노예를 소유하는 것을 인권을 짓밟는 행위로 생각했다.

하지만, 자본가들은 정부 관리를 매수해 노예제도를 유지했다.

그는 이런 권력 앞에서도 움츠러들거나 신념을 꺾지 않았다.

역사는 위인들의 관점이 옳다는 것을 증명한다.

히틀러가 아무리 권력을 떨쳤어도 우리는 나치를 숭배하지 않는다.

하지만 간디의 신념과 긍지, 마틴 루서 킹의 평등사상은 마음속에 간직한다.

부드러움과 자비는 권력에 맞서도 절대 굴복하지 않는다.

부드러움과 자비는 거센 비바람에도 우리를 전진하게 한다.

바위틈에 떨어진 씨앗은 한 방울 이슬과 한 줄기 햇빛으로 싹을 틔운다.

불합리에 폭력으로 맞서거나, 권력으로 이익을 지키려 하지 마라.

불합리한 권력은 실패하기 마련이다.

평화롭고 이성적인 사고로 흔들리지 마라.

• • • • •

지금 우리에게는 위인들이 직면했던 시대적 문제가 사라졌다.

하지만 일상에서 조각난 불합리와 보이지 않는 폭력을 만난다.
직장과 학교에서 만나는 따돌림과 같은 것이 그것이다.
피해자는 좌절감과 수치심을 느끼고, 자신감을 잃고 스트레스에 시
달린다.
가해자는 자신이 다른 사람에게 그렇게 해도 된다고 생각한다.
하지만, 그 누구도 폭력을 가할 권리는 없다.
어떤 이유로도 다른 사람에게 이렇게 해서는 안 된다.

직장이나 학교는 자아와 자아의 가치를 드러내는 곳이다.
만약 억울한 일이나 따돌림을 당하고 있다면 냉정하게 생각해보라.
"왜 나는 피해자가 되었을까?
나도 모르게 잘못을 반복하며 동료에게 상처를 주지는 않았는가?
혹시 스스로 피해망상에 젖어 있는 것은 아닌가?"

그런데 아무리 생각해도 내게 문제가 있는 것이 아니라면 어떤가?
그렇다면 더는 참지 말고 상대에 맞설 힘을 키워라.
불합리한 일을 피하거나 참는 것은 상황을 더 악화시킬 뿐이다.
두려움의 원인에 스스로 맞서라.
그리고 반드시 평화적인 태도와 확고한 견해로 맞서라.

셋. 현실이 괴로운 나에게

"
침묵에서 폭발하지 않으면
침묵에서 멸망한다.
"

_ 중국 소설가, 루쉰魯迅

7.
내
면
의

품
격

·····

훌륭한 품성을 지닌 사람은 어떻게 다를까?

그들은 어떤 환경에 처해도 남과 다른 자신만의 특별한 모습을 드러낸다.

그들은 일부러 하지 않아도 내면의 힘이 저절로 드러난다.

이처럼 인간의 힘은 안에서 밖으로 나온다.

그러므로 훌륭한 품성을 갖추고 있어야 기회가 왔을 때 삶에 큰 변화가 생긴다.

'아름다움'은 도대체 무엇인가?

아름다움은 개인의 가치관에 따라 다르게 정의할 수 있다.

그렇다면 많은 사람이 아름답다고 여기는 것은 무엇인가?

그것은 외모, 명성, 돈과 같은 것이다.

하지만 이것은 과시할 수는 있지만, 시간이 지나면 사라지는 것이다.

반면에 진정한 아름다움은 시간이 지날수록 오히려 더 빛난다.
이 아름다움은 보이지는 않아도 내면의 품격을 드러낸다.

이집트인들은 사람이 죽으면 죽음의 신 아누비스*Anubis*에게 불려간다
고 믿었다.
착한 사람의 심장은 깃털처럼 가볍지만, 나쁜 사람은 탐욕으로 가득
차 무겁다.
그래서 아누비스는 죽은 사람의 심장을 저울에 달아 심판한다.
만약 저울이 기울면 아누비스는 그 사람의 심장을 먹어 버린다.
하지만, 기울지 않으면 심장을 돌려주며 불멸의 생명을 선사한다.

전 세계 많은 민족이 사후세계의 심판을 믿었으며, 영혼에 무게가 있
다고 믿었다.
만약 우리가 영혼의 빛을 느낄 수 있다면 어떨까?
아마도 우리는 선량한 영혼의 따뜻한 온기를 느낄 것이다.
그 사람의 본성이 아름답다면 우아한 향을 내뿜을 것이다.
하지만, 내면의 아름다움은 은은해서 화려하고 눈부신 물질 세상에
서는 잘 보이지 않는다.

• • • • •

밤하늘을 아름답게 수놓은 별들은 밤이 깊을수록 더 밝게 빛난다.

셋. 현실이 괴로운 나에게

마찬가지로 세상이 혼탁할수록 아름다운 품성은 더 돋보인다.

인과 의, 신뢰와 같은 덕은 선량한 본성에 속한다.

하지만 사람에게는 욕망과 탐욕의 본성도 있다.

그래서 선량한 본성을 추구해야 품성이 더욱 빛난다.

인간은 사회적 동물이므로 사회를 떠나서는 살 수 없다.

그래서 의지와 상관없이 나의 행동은 주변 사람들에게 영향을 끼친다.

그러므로 다른 사람에게 주는 최고의 선물은 훌륭한 동반자가 되어 주는 것이다.

훌륭한 품성을 지닌 사람은 어떤 환경에서도 남과 다른 자신만의 특별한 모습을 드러낸다.

그들은 일부러 그렇게 하지 않아도 내면의 힘이 저절로 드러난다.

이러한 아름다움은 우리 눈에 쉽게 보이지 않는다.

그렇지만 영원히 감춰져 있는 것도 아니다.

• • • • •

사람들은 자신의 운명을 변화시킬 기회를 바란다.

하지만 인간의 힘은 안에서 밖으로 나온다.

그러므로 훌륭한 품성을 갖추고 있어야 기회가 왔을 때 삶에 큰 변화가 생긴다.

어느 겨울, 명망 있고 돈 많은 사업가가 길을 가다가 비쩍 마른 청년을 보았다.

그 청년은 추위에 몸을 잔뜩 웅크린 채 곰팡이가 핀 빵을 먹고 있었다.
앞에는 오래된 책 몇 권이 놓여 있었다.
사업가는 이 모습을 보고 측은한 마음이 들어 청년의 손에 8달러를 쥐여주고 갔다.

하지만 곧 사업가는 청년에게 되돌아왔다.
사업가는 책 2권을 집어 들고 청년에게 말했다.
"책을 산다는 게 깜빡했군요.
당신도 저처럼 사업을 하는군요."

2년 후, 사업가는 자선 모임에서 어떤 젊은이를 만났다.
그는 사업가의 손을 덥석 잡더니 감격하며 말했다.
"선생님, 저는 평생 노점을 하면서 구걸하며 살 줄 알았어요.
하지만 선생님의 말씀을 듣고 자신감이 생겨 사업을 시작했습니다."

그 당시 사업가가 청년에게 격려의 말을 해주지 않았다면 어떻게 되었을까?
그 청년의 인생에는 아무런 변화가 생기지 않았을 것이다.
이것이 바로 존중의 힘이다.
이처럼 품성은 사람 사이의 관계뿐만 아니라 사람의 지위와 운명도

셋. 현실이 괴로운 나에게

바꿀 수 있다.

인간의 내면에는 추악한 모습이 존재하지만 이처럼 아름다운 품성
도 있다.
이러한 품성이 내면의 아름다움이며, 꾸밈이 필요 없다.
이러한 아름다움은 주변 사람들에게 긍정적인 영향을 끼친다.
그런 사람은 가까이하고 싶고 그처럼 되고 싶은 마음이 들게 한다.
그러므로 선한 생각을 끊임없이 단련해야 내면의 아름다움을 지닐
수 있다.

66
품성은 내면의 힘이다.
그것은 직접 발휘될 수 있어서
어떠한 수단도 필요하지 않다.
99

_ 미국 사상가, 랄프 왈도 에머슨Ralph Waldo Emerson

넷

사랑이
떠난
나에게

> 소유에 대한 집착을 내려놓아라.
> 진정한 사랑만이 모든 것을 정복할 수 있다.

1.
따뜻한 사랑의 비밀

• • • • •

누군가를 진심으로 사랑한다는 의미는 무엇일까?

그것은 상대방이 나를 보살펴주기를 바라는 게 아니라 내가 상대방을 감싸주는 것이다.

하지만 상대방의 감정을 항상 생각해야 한다.

마음 내키는 대로 사랑을 표현하면 오히려 상대방은 그 관계를 원치 않게 된다.

모두가 아는 이솝우화 〈해와 바람〉 이야기이다.

"해와 바람은 누구의 힘이 더 센지 다투고 있었다.

마침 외투를 입고 지나가는 남자가 있었다.

해와 바람은 남자의 외투를 벗기는 것으로 누가 센지 내기를 했다.

먼저 바람이 있는 힘껏 바람을 불었다.

하지만 세게 불면 불수록 남자는 외투를 꼭 움켜쥐었다.

해의 차례가 되었다.

해가 따뜻한 햇볕을 활짝 비추자 남자는 바로 외투를 벗었다."

자신을 따르게 하고 싶으면 바람처럼 상대를 굴복시키면 안 된다. 이 방법은 힘은 힘대로 들면서도 성과는 작다.

상대가 굴복한다 해도 공포심 때문에 그런 것이지 복종은 아니다.

하지만 해처럼 따뜻한 방법을 사용하면 상대방의 마음을 움직일 수 있다.

너그러움과 부드러움은 생각보다 훨씬 강하다.

• • • • •

여자친구나 남자친구, 아내나 남편과 다툰 경험이 있을 것이다.

크게는 두 사람이 함께 지내면서 지켜야 할 규칙 때문에 다퉜을 것이다.

작게는 저녁에 무엇을 먹을지로 다퉜을 것이다.

서로 다른 환경에서 살아온 사람들이 의견이 다른 것은 당연하다.

하지만 서로 자기 말만 들어주기를 바라는 것은 문제를 해결하는 방법이 아니다.

내가 먼저 마음의 문을 열고 상대방의 말에 귀를 기울여야 하는 이유다.

친밀한 관계를 유지하는 것은 결코 쉬운 일이 아니다.

서로에게 많은 시간과 노력을 들였더라도 사소한 마찰로 관계가 틀어진다.

그러다 화가 가라앉으면 감정적 대응이 아무 소용이 없다는 것을 깨닫게 된다.

연인이나 부부끼리 다투더라도 주도권을 잡으려고 하지 마라.

이것은 서로 관계를 돌이킬 수 없게 만든다.

무엇보다 관계를 회복하는 데 더 많은 시간과 노력이 필요하다.

감정을 조절하라.

감정이 격렬해지면 이성을 잃어 큰 실수를 저지르게 된다.

감정의 옳고 그름에는 정답이 없다.

그러므로 누가 옳은지 그른지를 따지지 마라.

중요한 것은 관계를 유지하고 회복하는 일이다.

스키너*Burrhus Frederic Skinner*는 행동을 의도대로 변화시킬 수 있다고 주장했다.

그는 긍정적 결과를 가져오는 행동을 계속하면 부정적 행동을 없앨 수 있다고 했다.

그러려면 하고 싶은 '좋은 행동'과 없애고 싶은 '나쁜 행동'을 먼저 알아야 한다.

그런 다음, 좋은 행동을 하게 만든 요인을 늘리면 된다.

그러면 나쁜 행동이 점점 사라져 좋은 행동만 남는다.

이솝우화에서 바람은 자신의 역할을 선택할 수 없었다.
하지만, 현실의 나는 바람이 될지 해가 될지 선택할 수 있다.
상대방이 마음을 알아주지 않으면 대부분은 토라지거나 울어버린다.
상대방은 그런 나를 어떻게 볼까?
이런 행동은 마치 거세게 몰아치는 폭풍우와 같다.
상대방이 이런 행동을 참더라도 시간이 흐를수록 관계는 식는다.

처음 사귀었을 때 상대방은 어떤 모습을 좋아했는가?
나는 상대방의 어떤 모습이 좋았는가?
가슴 설레게 하는 따뜻한 미소가 떠오른다.
서로 싸우지 않고 행복하게 지낸 시절이 떠오른다.
진심 어린 사랑은 나를 보살펴주기를 바라는 게 아니라 내가 상대방을 감싸주는 것이다.

처음부터 좋은 관계를 형성하면 서로 긍정적인 영향을 끼칠 수 있다.
마음 내키는 대로 사랑을 표현하려고 하면 오히려 상대방은 그 관계를 원치 않게 된다.
그러면 두 사람의 관계는 바람과 행인처럼 변할 것이다.
바람을 아무리 세게 불어도 행인은 옷을 더 여밀 뿐이다.

넷. 사랑이 떠난 나에게

• • • • •

사랑을 막 시작한 연인들은 서로를 천생연분으로 생각한다.
밤을 새워 통화해도 끊을 때는 아쉽다.
사랑이 무르익을 때는 다른 것에는 관심이 없다.
오직 이 달콤한 꿈에서 영원히 깨지 않기를 바랄 뿐이다.

그런데 가족의 반대로 헤어질 상황에 놓이면 사랑이 더 불타오른다.
마치 이 세상에 둘만 남은 것처럼 생각한다.
둘은 반대하는 사람들에 맞서 서로 믿고 의지한다.
그러나 이것은 사랑에 눈이 멀어서 가능한 일이다.

서로 다른 환경에서 성장한 두 사람이 첫눈에 반해 평생을 바칠 수 있을까?
서로 정보가 부족한 단계에서 느끼는 감정은 상상에서 나오는 경우가 많다.
거세게 몰아치는 폭풍우 같은 사랑은 서로가 알아야 할 사실들을 감춘다.
그러니 서두르지 마라.

〈맹자孟子〉에 곡식의 싹을 잡아당겨 빨리 자라도록 한 어리석은 사람의 이야기가 있다.
곡식이 자라려면 시간이 필요한데, 자연의 순리를 거슬러 모든 곡식을 죽게 했다.

맹자가 말한 이 '알묘조장揠苗助長'의 이치는 인간의 감정에도 적용된다.

누군가는 진정한 친구가 되지만, 누군가는 그저 그런 친구가 된다.

시간은 상대방이 내게 특별한 사람이 될 수 있는지 가르쳐준다.

가장 가까운 연인이나 평생의 반려자가 될지 알 기회가 생긴다.

사랑은 열정만으로 되는 게 아니다.

마음에서 우러나오는 애정과 서로에 대한 이해 그리고 함께한 추억
이 필요한 법이다.

66

사람들이 저지르는 가장 큰 잘못은
모르는 사람에게는 친절하면서
가까운 사람에게는 야박하게 구는 것이다.
이 나쁜 습관을 바꾸면 세상이 편안해진다.

99

_ 홍콩 작가, 이수亦舒

넷. 사랑이 떠난 나에게

2.
진
실
한

사
랑
의

조
건

• • • • •

사랑을 얻기 위해 '좋은 사람'이 되려고 노력해 봤는가?
먼발치에서 희생하면서 상대방이 알아주기를 기다려 봤는가?
하지만, 이보다는 내가 먼저 다가가 상대방을 이해하려고 노력하는
게 낫다.

내가 좋아하는 사람이 나를 좋아하기를 바라는 것은 당연한 일이다.
그래서 사람들은 좋아하는 사람에게 좋은 모습을 보이기 위해 애쓴다.
이렇게 하면 상대방이 나를 사랑할 것으로 생각한다.
나아가 좋은 사람이 되려고 노력하는 사람을 훌륭한 사람으로 여긴다.
좋은 사람이 되지 않으면 상대방이 나를 싫어하리라고 생각하기 때
문이다.

나의 눈에는 상대방의 마음 문이 닫힌 것처럼 보인다.

그래서 밖에서 계속 문을 두드려야 상대방이 반응한다고 여긴다.

하지만, 닫혀 있다고 생각한 상대방의 마음 문은 활짝 열려 있다.

상대방이 거절할 것으로 생각하면 마음 문을 닫고 있는 것으로 보인다.

상대방이 허락할 것으로 생각하면 열린 마음 문을 만나게 된다.

다른 사람을 진심으로 사랑하는 사람은 어떻게 정성을 다해 배려할지를 생각한다.

이처럼 조건과 사심 없는 사랑만이 사람의 마음을 따뜻하게 해준다.

사랑은 신비로운 힘이 있어서 사랑해달라고 상대방에게 강요할 수 없다.

상대방에게 사랑을 요구할 수 있다고 생각하지 마라.

이렇게 할수록 좋아하는 사람과 점점 멀어진다.

• • • • •

미디어들은 상품을 팔기 위해 교묘한 상술을 펴는 데 힘을 쏟는다.

사랑을 얻기 위해서는 자신이 먼저 특별해져야 한다고 말한다.

마네킹처럼 몸매가 날씬해야 하며, 최신 스포츠카가 나를 증명한다고 말한다.

내가 누군가를 사랑할 때, 날씬하거나 돈이 많아서 평생 같이 살려고 하는가?

적어도 나는 그런 사람이 아니다.

누군가와 검은 머리 파뿌리 될 때까지 살기를 바라는 이유는 뭘까?
상대가 나를 편안하게 해주고 반려자라는 느낌이 들기 때문이다.
누군가를 사랑할 때 상대에게 얼마나 좋은 사람인지 보여줄 필요는
없다.
진심으로 조건 없는 사랑과 관심을 베풀면 그만이다.
그러면 상대방에게도 나의 내면의 아름다움이 보인다.

사람들은 과시하고 자신을 드러내는 방식으로 사랑을 표현한다.
한껏 날개를 뽐내는 공작새처럼 말이다.
하지만 그것은 사랑이 아니다.
사랑은 값비싼 물건이 아니라 잔잔한 감동에서 싹튼다.
화려한 겉모습이 아니라 따뜻한 마음에서 싹튼다.

뛰어난 외모나 돈으로 사람들의 이목을 끌 수는 있다.
하지만 외모와 돈이 행복과 결정적으로 관련되지는 않는다.
만약 이것이 사실이 아니라면 연예인이나 기업가만 사랑에 성공할
것이다.
그러나 그런 일은 없다.

사랑은 값을 매길 수 없으며 그 어떤 물건과도 바꿀 수 없다.

넷. 사랑이 떠난 나에게

세상 사람 모두가 이 사실을 안다.

상대의 마음으로 상대를 대해야 인연을 만날 수 있다.

진정한 사랑을 만났더라도 꽃을 피우려면 물을 주고 세심하게 돌봐야 한다.

그래야 열매를 맺는다.

괴테*Johann Wolfgang von Goethe*는 〈젊은 베르테르의 슬픔〉에서 약혼자가 있는 여인을 사랑하는 청년을 그렸다.

그는 가질 수 없는 사랑 때문에 결국 자살했다.

소설 속의 베르테르는 상대방 마음 문을 끊임없이 두드렸지만, 들어가지 못했다.

그는 간절하게 원했는데, 어째서 사랑의 결실을 보지 못했을까?

그 전에 생각해볼 문제가 있다.

"베르테르가 사랑한 사람이 약혼자가 있는 실제 여인이었을까?

아니면 마음속에 갈망하는 환영이었을까?"

사랑에 아파하는 사람들은 왜 계속 거절당하고 원하는 사랑을 이루지 못할까?

그 까닭은 그들이 진정으로 사랑하는 대상이 사랑하는 사람이 아니기 때문이다.

그들이 사랑하는 대상은 마음속 환영이다.

사람들은 진실과 마음속 이상을 쉽게 혼동한다.
환상 속의 이상적 환영과 현실에서의 사람은 완전히 별개다.
그러므로 서로 상대의 진짜 모습을 봐야 한다.
그리고 있는 그대로의 모습을 받아들이고 사랑해야 한다.

• • • • •

사랑은 정성을 쏟는 과정에서 완성된다.
상대방의 사랑을 얻는 것은 내가 선택할 수 있는 문제가 아니다.
중국 시인 쉬즈모徐志摩는 사랑하는 여인 루샤오만陸小曼에게 말했다.
"사랑은 하든지 말든지 둘 중 하나다."

쉬즈모의 말은 매우 이기적이지만 곰곰이 생각해보면 맞는 말이다.
사랑은 마음이 하는 일이다.
누군가를 사랑할 때, 우리는 목숨도 내어줄 만큼 마음을 쏟는다.
그러니 더 사랑하고 덜 사랑하는지를 어떻게 결정할 수 있겠는가?
상대방을 얼마만큼 사랑할지 결정할 수 있다면 그것은 계산적인 사
랑일 뿐이다.

그래서 우리가 사랑에 빠지면 마음은 온통 사랑으로 가득 찬다.
작은 행동 하나에도 상대에 대한 사랑이 묻어난다.
그리고 어떻게 하면 사랑하는 사람을 행복하게 해줄지를 생각한다.

넷. 사랑이 떠난 나에게

이것은 억지로 해서 되는 일이 아니다.
당연히 해야 하는 일이기 때문이다.

어떤 조건을 만족해야 사랑할 자격이 있는지는 고민할 필요가 없다.
상대에게 무엇을 원해서 사랑하는 게 아니기 때문이다.
상대가 나를 사랑해주는지에 따라 마음이 흔들리는 것이 사랑이겠
는가?
상대의 사랑을 얻는 것은 중요하지 않다.

결혼반지를 교환하는 그 순간이 오기를 기대하지 마라.
사랑하고 정성을 쏟는 과정에서 경험하는 기쁨과 슬픔이 훨씬 중요
하다.
사랑을 억지로 얻으려 하지 마라.
언젠가 사랑이 오면, 기다렸던 수없이 많은 날이 빛날 것이다.

66
얻으면 행운이고, 잃으면 운명이다.
99

_ 중국 시인, 쉬즈모徐志摩

3.

사
랑
의

동
의
어

• • • • •

성숙하고 친밀한 사랑을 유지하려면 어떻게 해야 할까?

이해가 사랑에 깔리면 신뢰하고 배려하는 관계를 유지할 수 있다.

상대방이 어떤 사람인지 알게 되면 한결같은 마음으로 받아들일 수 있다.

이해는 오해를 막고 상처받지 않게 한다.

사랑이 가장 중요하다.

그리고 사랑을 통한 이해가 중요하고 이해를 통한 배려도 중요하다.

아무리 뜨거운 사랑도 시간이 흐르면 식는다.

그래서 아껴주고 사랑했던 때를 잊고 서로에게 상처를 준다.

사랑은 달콤하지만, 그 안에는 다툼과 시기와 질투도 들어 있다.

어떤 노부부를 본 적이 있다.

노부부의 손에는 짐이 한가득 들려있었다.

노점에서 생계를 유지하는지, 팔 물건을 사 오는 것처럼 보였다.

할머니는 할아버지의 어깨에 기대어 잠이 들었다.

두 사람 얼굴에는 피곤한 기색이 역력했다.

하지만, 서로 두 손을 꼭 잡은 채 입가에는 미소를 머금고 있었다.

나는 이 모습에 무척 감동하였다.

삶이 아무리 힘들어도 그들은 사랑 속에서 풍요로웠다.

인생에 이런 배우자를 만나 서로 의지하며 사는 것이 얼마나 행복한 일인가!

사랑은 이해하고 배려하는 것이다.

• • • • •

배우자와 백년해로하는 것은 인연의 행복한 결말이다.

그러나 죽을 때까지 '사랑의 온도'를 식지 않게 하는 것은 쉬운 일이 아니다.

여기서 중요한 것은 이해를 바탕으로 사랑의 토대를 쌓는 일이다.

상대방의 행동, 생각, 표현, 감정을 모두 관찰하고 이해해야 한다.

상대방이 무엇을 좋아하고 싫어하는지도 알아야 한다.

이렇게 서로가 상대방의 가장 좋은 친구가 되어야 한다.

가장 사랑하는 사람이 나를 가장 잘 이해하는 사람이어야 하지 않겠

넷. 사랑이 떠난 나에게

는가?

말하지 않아도 상대가 나의 사랑과 헌신을 알아주리라고 착각하는 사람이 있다.
하지만 이것은 상대방에 대한 이해가 결핍된 사랑이다.
알아주기를 바라고 베푸는 사랑과 헌신은 거짓된 사랑이다.
상대방이 직설적이라면 나의 사랑이 거짓이라고 생각하고 화가 날 것이다.
이렇게 되면 사랑은 서로에게 스트레스가 된다.

상대방에 대한 이해가 중요한 다른 이유도 있다.
상대방을 이해하면 어떤 말과 행동에 진심이 담겼는지 안다.
상대방을 이해하면 어떻게 소통하며, 상처받은 감정을 어떻게 치유할지 안다.
그래서 이해를 바탕으로 소통하고 생각을 공유해야 한다.
이해는 눈빛만 봐도 마음을 통하게 하고 서로를 향한 감정을 두껍게 한다.

이해를 바탕으로 사랑하면 신뢰하고 배려할 수 있다.
상대방이 어떤 사람인지 알게 되면 한결같은 마음으로 받아들일 수 있다.
이해는 오해를 막고 상처받지 않게 한다.

상대방이 상냥하다는 것을 알면 갑자기 무뚝뚝해져도 이해할 수 있다.

상대방이 무뚝뚝하다는 것을 알면 "사랑해"라고 말하지 않아도 의심하지 않는다.

내게 상처를 준 것도 그럴 만한 이유가 있다고 믿어라.

이것은 상대방을 이해하기 때문에 배려하는 것이다.

사랑이 없다면 이 모든 것은 불가능하다.

배려는 상대방뿐만 아니라 자신도 배려하는 것이다.

●●●●●

시인 올리버 홈즈*Oliver Holmes*는 말했다.

"친밀한 관계일수록 겸손하고 예의 바른 행동이 필요하다."

동양에도 상경여빈相敬如賓이라는 말이 있다.

부부는 가장 가까운 사이지만 손님을 대하듯 서로 깍듯이 공경해야 한다는 의미다.

사랑하는 사이에도 존중은 매우 중요하다.

사랑은 다른 사람이 모르는 약점도 알게 해준다.

그런데 존중하지 않고 상대방의 상처를 건드리면 관계가 깨진다.

시간이 흐르면 열정도 식는다.

사랑이 얼마나 오래갈지는 서로에 대한 친밀감과 무언의 약속에 달렸다.

열정적인 사랑을 오래 유지하려면 서로의 노력이 중요하다.
사랑은 의존적 관계로 발전하며, 이때의 친밀감은 이성과 감성의 두 영역 모두 중요하다.
서로 아껴주며, 마음을 맞추고, 관계를 유지하는 데 힘쓰고, 최선을 다해 사랑하라.
무언의 약속은 서로를 책임진다는 믿음이다.
무언의 약속은 두 사람을 미래로 이끈다.

66
사랑은 꽃밭에서의 달콤한 말도 아니며,
무릉도원에서의 정다운 이야기도 아니며,
주도면밀한 눈물도 아니며,
억지로 할 수 있는 것은 더더욱 아니다.
사랑은 공통의 언어에서 키워야 한다.
99

_ 영국 극작가, 윌리엄 셰익스피어William Shakespeare

4.

어떻게 사랑할 것인가

• • • • •

상대방이 헌신하는 것을 확인해야 사랑을 믿겠는가?

그런 사람에게는 연인이 아니라 노예가 필요하다.

이런 생각으로 쌓은 감정은 가짜 사랑이거나 사랑을 명분으로 나타
난 허영이다.

사람은 누구나 책임과 의무 속에 살아간다.

하지만 사랑은 다르다.

사랑에 빠진 사람은 다시 태어난 기분이 든다.

친구가 갑자기 스타일을 바꾸거나 화장하고 외출하면 바로 알아차
릴 것이다.

"너, 연애하는구나!"

〈로미오와 줄리엣〉에서 로미오가 친구에게 자신의 심정을 털어놓

왔다.

로미오는 사랑과 가족 사이에서 마음이 무겁다고 했다.

그러자 친구가 로미오를 위로하며 말했다.

"넌 사랑에 빠진 사람이잖아! 사랑을 따라 날아가라고!"

• • • • •

사랑은 가득 찬 술잔과 같다.

술잔 속의 거품을 홀짝거리며 술맛을 음미해도 좋다.

아니면 시원하게 비워도 좋다.

사람들은 상처가 두려워 잔뜩 위축된 채 떠나고 싶어도 떠나지 못
한다.

이런 모습은 사귀기 시작했을 때는 사랑스러워 보일 수도 있다.

하지만 관계를 지속하는 데는 좋은 방법이 아니다.

더 헌신하고 마음을 준 사람일수록 헤어질 때 고통스럽다.

하지만, 이 과정에서 더 큰 즐거움을 느낄 수도 있다.

사랑은 고배^{苦杯}와 같아서 실컷 마시면 시원하고 술맛도 알 수 있다.

사람들은 사랑의 세계에서도 승자가 되려고 한다.

사람들은 주도권을 잡아서 사랑받을 만한 이유를 증명하려고 한다.

하지만, 사랑의 세계에는 둘 다 이기거나 둘 다 질 뿐이다.

넷. 사랑이 떠난 나에게

서로가 행복하다고 느껴야 관계를 지속할 수 있다.

상대방의 헌신을 확인해야 사랑을 믿는 사람은 연인이 아니라 노예가 필요하다.

이런 생각으로 쌓은 감정은 가짜 사랑이거나 사랑을 명분으로 나타난 허영이다.

진실한 사랑은 자기 삶을 풍요롭게 하고 시야를 넓힐 수 있다.

그리고 상대방의 눈을 통해 자기 세계를 넓힐 수 있다.

사랑에는 치유력이 있어서 마음의 상처를 치유할 수 있다.

이것이 진실한 사랑과 거짓된 사랑의 가장 큰 차이점이다.

• • • • •

다른 사람을 대하는 태도를 보면 그 사람이 자신을 어떻게 대하는지도 알 수 있다.

사람들은 가장 아끼고 사랑하는 사람이 자신이라고 말한다.

하지만, 실제로는 그렇지 않다.

성장하면서 배운 잘못된 신념으로 자신에게 가장 가혹한 사람도 있다.

이들은 신념을 지키느라 자신의 맹점을 보지 못한다.

이들은 불합리한 일도 당연하다는 듯 아무렇지 않게 한다.

이들은 다른 가능성을 고려하지 못한다.

자신을 사랑하는 것은 쉬운 일이 아니다.

그러므로 자신을 사랑하는 법을 배워야 한다.

무엇을 배워야 자신을 사랑할 수 있을까?

자신의 신념과 충돌하는 상황이 생기면 잠시 행동을 멈추고 생각하라.

자신의 인생을 진지하게 되돌아보면 쓰라린 고통도 기억할 것이다.

이때는 가혹했던 자신과 화해하고 필요한 것을 선택하라.

이렇게 해야 계속 성장할 수 있으며 성숙한 사랑도 할 수 있다.

자신을 사랑하는 법을 배우면 연인의 요구에 대처하는 법도 알게 된다.

상대방의 말을 들어주는 게 억울한 일이 아님을 깨닫게 된다.

서로 굳게 신념을 지키면 어떤 어려움에도 사랑이 무너지지 않는다.

그런데도 사랑이 무너질 때가 있다.

거짓말에 사랑은 금세 무너진다.

사랑은 신뢰를 바탕으로 한다는 사실을 기억하라.

넷. 사랑이 떠난 나에게

"
사랑을 이해하는 사람은
사랑으로 성숙해져서 발전하려는 의지와
진취적인 정신을 굳건히 할 수 있다.
"

_ 영국 철학자, 프랜시스 베이컨Francis Bacon

5.
아프지
않은
사랑

• • • • •

연애하는 사람에게는 내일도 없고 자신도 없다.

그러나 시간이 지나면 불같던 사랑도 시들해진다.

뜨거웠던 심장이 차갑게 식으면 피곤과 허무만 남는다.

사랑에 빠진 사람에게 차이는 문제 되지 않는다.

심지어 다른 사람에게 뻔히 보이는 단점도 보이지 않는다.

사랑에 차이는 중요하지 않아서 서로 모든 것을 포용한다.

이것은 존중하고 사랑하는 마음 때문에 가능한 일이다.

하지만, 세상에 존재하는 모든 차이는 충돌을 빚는 경우가 많다.

영화 〈크래쉬 Crash〉는 미국의 인종차별 문제를 다뤘다.

영화에 등장하는 다양한 사람은 서로 불가분의 관계이자 증오의 대

상이다.

이들이 이러는 이유는 사랑하지 않기 때문이다.

사랑에 빠진 연인처럼 차이가 문제 되지 않기는 어렵다.
하지만, 다른 사람을 이해할 수는 있다.
이해하면 배려할 수 있고 서로 존중할 수 있다.
그러면 차이에도 충돌은 발생하지 않는다.

• • • • •

서로 다른 두 사람이 어떻게 수십 년을 함께 살 수 있을까?
사랑에 빠진 사람은 차이를 받아들이는 게 아니다.
그들은 사랑에 눈먼 것이다.
사랑의 이유를 이해하면 서로 다른 사람이 행복하게 지낼 방법도 찾
을 수 있다.

서로 알아가는 단계의 연인은 콩깍지에 씌어 판단력이 흐려진다.
'맹목적 사랑'에 푹 빠진 사람이 이들이다.
서로의 눈에는 상대가 가장 아름답고 완벽하게 보인다.
그러므로 결점 따위는 문제가 되지 않으며 결점을 생각할 겨를도
없다.

하지만 둘이 함께한 시간이 길어지면 사랑도 값을 따지는 단계로 들

넷. 사랑이 떠난 나에게

어선다.

이 단계에서는 누가 더 사랑하느냐로 싸우게 된다.

내가 상대방을 더 사랑하면 억울하게 생각한다.

사랑은 이렇게 식어 마른 강물에 바위가 드러나듯 서로의 차이와 결점이 보인다.

이때는 서로 마음을 조절하며 상대방을 새롭게 알아가야 한다.

함께한 작은 추억을 떠올리며 활기를 되찾아야 한다.

이렇게 해야만 관계가 끊어지지 않고 유지될 수 있다.

하지만, 서로 양보하지 않은 채 결점을 따지면 갈등이 고조된다.

이는 결국 사랑의 마침표를 의미한다.

심리학자 로버트 스턴버그$^{Robert\ Sternberg}$는 '사랑의 삼각형'을 말했다.

"오래 유지할 수 있는 관계는 열정, 친밀, 약속의 세 가지 요소를 포함한다."

열정만 있는 관계는 금세 끝난다.

이런 관계는 하룻밤 사랑처럼 열정이 식으면 바로 사라진다.

열정이나 약속은 없고 친밀만 있는 관계는 우정과 같다.

두 사람이 문제없이 지내는 이유는 서로 익숙하기 때문이다.

약속만 있는 관계는 손님을 대하듯 형식적이어서 인간미가 없다.

사랑에는 열정, 친밀, 약속 이 세 가지가 모두 갖춰져야 지속한다.

열정은 두 사람의 세계를 더욱 빛나게 한다.

친밀은 두 사람이 서로 이해하고 응원하게 한다.

약속은 서로에게 안정감을 준다.

사람을 처음 보면 열정이 솟는다.

열정은 누군가를 사랑하기로 할 때 결정적인 역할을 한다.

멋있고 당당한 사람을 보면 열정이 솟아 사랑의 이유를 만든다.

열정이 솟아 정신을 차리지 못하면 상대에 빠져 가슴앓이가 시작
된다.

이렇게 열정은 우리를 괴롭히지만, 열정도 사랑의 일부분이다.

연애하는 사람들은 사랑의 본질을 종종 오해한다.

진실한 사랑을 하면 말하지 않아도 상대방이 알아줄 거로 믿는다.

진실한 사랑을 하면 어떠한 고난도 극복할 수 있다고 믿는다.

하지만 이런 사랑은 진실한 사랑이 아니다.

타오르던 불꽃이 꺼지고 뜨거웠던 심장이 식으면 피곤과 허무만이
남는다.

열정이 지나면 사람들은 친밀로 관계를 유지한다.

오랜 시간 함께한 연인은 서로에 대한 인식이 깊어져 친밀감이 생
긴다.

이 친밀감을 유지하기 위해 약속하고 만나면서 관계를 계속한다.

그러나 약속과 만남은 장기적인 계획이 아니다.

약속과 만남만 있고 열정이 없는 관계는 우리를 숨 막히게 한다.

그래서 우리는 새로운 사랑의 불꽃을 피워 관계를 키워야 한다.

하지만 많은 연인이 영화 〈컨트롤Control〉의 주인공과 같다.

둘은 서로의 좋은 점을 보고 사랑에 빠져 행복하게 지냈다.

이들의 사랑은 결혼으로 이어졌다.

하지만, 함께하는 시간이 많아지자 상대가 완벽하지 않다는 사실을 깨달았다.

서로의 모습에 실망한 채 생활고에 시달리자, 좋지 않은 일마저 계속 일어났다.

사귄 지 3개월 된 연인이나 신혼여행에서 돌아온 부부는 자주 싸운다.

"당신은 변했어."

"전에는 안 그랬잖아."

하지만, 상대에게 멋있고 예쁜 모습을 보이고 싶은 것은 지극히 정상이다.

그러므로 연애 초기에 호감을 사기 위해 보였던 모습은 당연한 결과다.

만약 연애 초기의 그 모습이 본래 모습이라고 순진하게 믿었다면 그것이 오히려 문제다.

인간에게는 좋은 면도 있지만, 나쁜 면도 있다.
상대방이 친절하고 착하더라도 원칙이 없는 사람일 수도 있다.
이것을 이해해야 다른 사람의 결점도 포용할 수 있다.
무엇보다, 차이가 있다는 것은 죄를 짓는 일이 절대 아니다.

• • • • •

우리는 함께 살면서 다음과 같은 문제에 늘 부딪힌다.
"지금의 내 모습이 좋다면서 당신은 왜 내가 변하기를 바랄까?"
이 문제에는 정답이 없다.
인간은 원래 변하기 때문이다.

똑같은 일이라도 상황에 따라 다르므로 매번 다른 결론이 난다.
답을 찾으려고 애쓰는 것보다 차라리 다른 각도에서 생각해보자.
"나를 조금만 바꾸면 더 나를 사랑할 텐데 왜 바꾸지 않는 걸까?"
"예전의 내가 지금의 나보다 더 나을 수도 있지 않을까?"

마음으로는 분명히 상대방을 사랑하는데 상처를 준다.
마음으로는 분명히 상대방을 사랑하는데 싫어하는 행동을 한다.
그래서 사랑은 다른 사람을 아프게 한다.
아니다.
사랑은 다른 사람을 아프게 하지 않는다.

넷. 사랑이 떠난 나에게

사랑을 표현하는 방식이 다른 사람을 아프게 한다.

장아이링張愛玲의 단편소설 〈금쇄기金鎖記〉에는 이런 이야기가 나온다.
사랑하지만, 자식에게 상처를 주는 어머니에 관한 이야기다.
그녀는 자식을 곁에 두기 위해 아편을 먹였다.
그녀의 도움 없이는 자식이 살아갈 수 없게 만들었다.
이 때문에 자식의 인생은 송두리째 망가졌다.

사랑의 본질은 누군가를 다치게 하는 것이 아니다.
사랑을 표현하는 방식이 잘못되어 다른 사람이 다치는 것이다.
잘못된 방법으로 사랑하면 결국에는 역효과가 생긴다.
상대방이 받아들일 수 있는 방식으로 사랑하는 것 또한 간단한 일은
아니다.
사람마다 개성이 다르듯 바라는 것도 다르기 때문이다.

66
사랑에는 규칙이 없으며
조건이 있어서도 안 된다.
99

_ 영국 작가, 존 릴리John Lyly

6.
영원한 우정

• • • • •

우정은 아름다운 시절이 지나도, 약속하지 않아도 곁에 머문다.
우정은 마음대로 마음에 들어오고, 스스로 곁에 머문다.
우정은 세상이 어둠으로 덮여도 빛이 있다고 믿게 해준다.
우정은 아무리 혼자라고 느껴도 친구가 되어 응원해준다.

자유의지에서 나오는 감정, 그것이 우정이다.
우리는 부모를 선택할 수 없다.
우리는 누구와 사랑에 빠질지 통제하지 못한다.
하지만, 누구와 친구가 될지는 스스로 결정할 수 있다.

여러 사람이 모이면 자연스럽게 누가 적이 될지, 친구가 될지 알 수
있다.
공통의 화제, 공통의 목표, 공통의 취미, 심지어 환경이 비슷해도 우

정이 싹튼다.

하지만, 평생 우리는 얼마나 많은 사람을 만나는가?

그들과 우정을 싹틔울 가능성은 얼마나 될까?

어쨌건 연인의 사랑과 비교해도 우정은 더 편안함과 즐거움을 준다.

●●●●●

우정은 세월이 빚은 술과 같아서 오래될수록 향이 짙다.

우정은 가족이나 연인이 요구하는 것만큼 힘들지 않다.

친구는 공통된 인식만 있으면 서로 어떤 모습도 인정하기 때문이다.

우정은 이런 융통성과 다양성 때문에 존재하고 유지된다.

주변에는 자주 만나는 친구도 있고 가끔 만나는 친구도 있다.

하지만, 친구는 어제 만난 사람처럼 반갑고 어색함이 없다.

조금은 서로 관계가 다른 우정이지만, 진심으로 대하고 아껴주는 것
은 같다.

하지만, 모든 인간관계처럼 우정에도 시련은 있다.

허물없이 지내던 두 친구가 사소한 오해로 다투었다.

한 친구가 자신을 배반했다고 생각해 상대에 대한 유언비어를 퍼뜨
렸다.

상대에게 뭔가 깨닫게 할 생각뿐이었지만, 유언비어는 걷잡을 수 없

이 퍼졌다.
그러자 둘 사이는 되돌릴 수 없을 만큼 멀어졌다.

다행히도 사람들은 우정에 대해서는 마음 씀씀이가 넓다.
만약 둘이 연인이었다면 바로 남남이 되었을 것이다.
그러고 보면 우정을 회복할 수 있다는 것은 우리에게 가장 큰 선물
이다.
우정은 상처가 아물지 않았어도, 실수를 만회하지 못했어도 회복할
수 있다.
우정은 자존심을 조금 버리면 영원할 수 있다.

• • • • •

연인들은 헤어지고 나면 남남이 된다.
그렇다면 우정은 어떨까?
우정은 같은 처지에서 의기투합하게 한다.
하지만 졸업과 취직으로 흩어지게 되면 우정 또한 멀어진다.

그러나 우정은 서로의 마음을 바로 이어지게 한다.
우정의 가장 큰 장점이 이것이다.
서로를 잊고 지냈어도 우정은 친구를 이해하게 한다.
서로를 볼 수 없어도 친구는 행복을 빌어준다.

우정은 아름다운 시절이 지나도, 약속하지 않아도 곁에 머문다.

우정은 마음대로 마음에 들어오고, 스스로 곁에 머문다.

우정은 세상이 어둠으로 덮여도 빛이 있다고 믿게 해준다.

우정은 아무리 혼자라고 느껴도 친구가 되어 응원해준다.

내가 친구를 필요로 하는 한 친구는 항상 곁에 있다.

내가 친구를 필요로 하는 한 친구는 영원히 곁에 있다.

우정은 친구의 마음과 마음을 잇는다.

사랑에 눈이 멀어 우정을 저버리지만 않는다면.

66

우정은 그릇과 같아서 깨져도 붙일 수 있지만,

사랑은 거울과 같아서 한 번 깨지면 다시 쓸 수 없다.

99

_ 미국 작가, 조시 빌링스Josh Billings

넷. 사랑이 떠난 나에게

7, 누군가를 사랑하는 이유

· · · · ·

나는 사랑으로 태어났고, 태어났기 때문에 사랑할 수 있다.

사랑은 태어날 때부터 간직한 인간의 본성이다.

사랑은 주변을 밝히고 곁에 있는 사람을 행복으로 이끈다.

사랑의 신비, 사랑의 열정, 사랑의 아름다움, 사랑의 달콤함은 삶을
춤추게 한다.

갓난아이는 연약하다.

먹고 자고 우는 것 말고는 할 줄 아는 게 없다.

아이는 할 줄 아는 게 없지만, 아무런 문제가 없다.

아이들에게는 엄마만 있으면 된다.

하늘이 무너져도 엄마만 있으면 된다.

아이는 조금 자라면 사물을 또렷하게 보고 옹알이를 한다.

넷. 사랑이 떠난 나에게

호기심이 생겨 여기저기 기어 다니며 사물을 탐색한다.

아이는 구름에서 떨어지는 빗소리를 듣고 새싹이 땅에서 올라오는 소리를 듣는다.

아이는 푸른 하늘에 뜬 하얀 구름을 보고 미소 짓는 엄마의 얼굴을 본다.

아이는 부모와 가족의 사랑과 관심을 받으며 성장한다.

아이는 세상을 배우며 한 걸음 한 걸음 자기 영역을 확장한다.

아이는 이렇게 자라며 삶에 필요한 자산을 얻는다.

하지만, 이 모든 것을 얻은 우리는 왜 존재하는 것일까?

●●●●●

이 문제는 아주 오래된 문제이고 정해진 답도 없다.

우리가 사는 이 지구는 울퉁불퉁했는데 점점 둥글게 변했다.

우리가 아는 도덕도 다양한 관계와 평가에 따라 모호해졌다.

또한, 아무것도 아니던 일이 중요해졌고 포기할 수 없는 것이 되었다.

우리는 매우 위험한 행성에 산다.

그래서 혼자 되는 것이 두렵고 나를 이해해줄 사람이 나타나기를 바란다.

죽음에서 도망칠 수 있는 사람도 없다.

하지만, 그 상황에서도 누군가는 포기하지 않고 보살피며 동행해 준다.
그래서 우리는 이 험한 세상에 살아남을 수 있다.
그래서 우리는 용기 있게 마음이 향하는 곳으로 전진할 수 있다.

사랑을 주고받는 과정은 우리를 다시 태어나게 한다.
사랑을 주고받을 때 우리는 삶의 의미와 가치를 다시 한번 느낀다.
우리의 헌신적인 사랑은 상대방의 삶을 새롭게 바꾼다.
우리의 헌신적인 사랑은 우리가 뻗은 두 손을 상대방이 잡게 한다.
우리가 밝힌 삶의 등불은 새로운 인생을 만든다.

$\bullet\ \bullet\ \bullet\ \bullet\ \bullet$

영화 〈인터스텔라*Interstellar*〉에 다음과 같은 대사가 있다.
"어쩌면 사랑에는 우리가 생각해보지 못한 의미가 담겼을지도 몰라요.
사랑은 어떤 증거일 수도 있어요.
더 고차원적인 공간의 산물 같은 거요.
다만, 우리가 의식하고 깨닫지 못한 걸 거예요.
사랑이야말로 시간과 공간을 초월해서 우리가 인지할 수 있는 유일한 가치예요.
잘 이해되지는 않아도 믿어보자고요."

영화 속 주인공은 그리움에 사랑의 힘이 담겼다고 믿었다.

그래서 그녀는 수만 광년 떨어진 곳에 있는 남자친구를 찾아갔다.

사랑은 어떤 과학적 증거보다 힘이 있고 시공간을 초월해 전해진다.

이처럼 사랑에는 인류가 반드시 생존해야 하는 이유가 있다.

우리는 사랑으로 태어났고, 태어났기 때문에 사랑할 수 있다.

사랑은 태어날 때부터 간직한 인간의 본성이다.

사랑은 주변을 밝히고 곁에 있는 사람을 행복으로 이끈다.

사랑의 신비, 사랑의 열정, 사랑의 아름다움, 사랑의 달콤함은 삶을
춤추게 한다.

그러므로 시련을 겪었다고 사랑을 포기하지 마라.

의심이 든다고 사랑을 저버리지 마라.

사랑이 없다면 인생도 의미가 없다.

66
사랑과 희망, 두려움과 신앙은 인성을 만든다.
이것은 인성의 상징이자 특징이다.
99

_ 영국 시인, 로버트 브라우닝Robert Browning

다섯

삶이 힘든 나에게

1.

누엉이

아름
다움
로
록

• • • • •

인생에서 가장 젊은 시기에는 무엇을 할 수 있을까?

불가능한 일이 없을 것이다.

그래서 모든 것을 다 해볼 시간과 열정이 있다고 생각할 것이다.

이것이 젊은이의 특권 아니겠는가.

그래서 꽃처럼 아름다운 나이에는 꿈을 향해 도전해야 한다.

일본의 다도茶道에 일기일회一期一會라는 말이 있다.

다시는 돌아오지 않는, 일생에 단 한 번밖에 없는 기회가 일기일

회다.

인생에서 가장 중요한 사람과 만난 그 순간처럼 말이다.

이처럼 특별한 시기에 잠깐 누릴 수 있는 것들은 더욱 아름답고 소

중하다.

사람은 태어나서 죽을 때까지 수십 번의 계절을 보내고 수많은 경험을 한다.
그 삶에서 일어나는 일들은 천천히 숙성되어 가장 적절한 때에 드러난다.
그러므로 그 안에서 발생하는 모든 일이 일기일회다.
지금, 일기일회의 기회를 붙잡지 않으면 나중에 후회하게 될지도 모른다.

• • • • •

한여름, 활짝 핀 봉황 꽃을 본 적이 있는가?
봉황 꽃은 노래하고 춤추듯, 화려한 자태를 뽐내며 아이들을 축복한다.
어린 생명은 이렇게 활짝 핀 꽃처럼 아름답다.
화려한 꽃 찬란한 인생, 얼마나 부럽고 멋진 모습인가.
우리 삶이 이런 순간에 머문다면 얼마나 좋겠는가.

하지만, 청춘이 아무리 아름다워도 반드시 지나간다.
그래도 모든 것을 다 해볼 시간과 열정이 있다고 생각할 것이다.
이것이 젊은이의 특권 아니겠는가.
그래서 꽃처럼 아름다운 나이에는 꿈을 향해 도전해야 한다.

다섯. 삶이 힘든 나에게

유명한 작가 추스잉楮士螢은 다국적 기업에서 일한 적이 있다.
그는 다른 나라에 기업을 설립하는 일을 했다.
한 나라에 기업을 설립하고 나면 다른 나라에 가서 다시 새로운 기업을 설립했다.
연봉도 높고 여러 나라를 여행할 수 있으니 모두가 부러워하는 꿈의 직장이었다.

그도 처음에는 그렇게 생각했다.
마흔까지만 일하고 퇴직해서 좋아하는 일을 하며 살 생각이었다.
하지만, 30세가 되던 해 그는 갑자기 생각이 바뀌었다.
이것은 말로는 여행이었지만, 언제나 새로 적응해야 하는 직장이었다.

그는 직장을 그만두고 국제 NGO에 가입해 고문顧問을 맡았다.
이곳에서의 일은 직업이 아니라 인생의 목표이자 열정과 꿈의 무대가 되었다.
추스잉은 이렇게 말했다.
"서른이 되기 전에 무언가에 미쳐야 합니다."

한 살이라도 젊을 때 하고 싶은 일에 열정을 쏟으면 전문가가 될 수 있다.
사회는 어떤 분야든 그 분야의 전문가를 원한다.
또한, 어떤 분야라도 그 분야에 정통한 사람이 적어도 한 명은 필요하다.

그러므로 모든 가치관에 자신을 맞출 필요도, 모든 분야를 다 배울 필요도 없다.

진심으로 원하는 한 가지 일을 찾아 투자하면 된다.

젊은이는 자기 분야에 꼭 필요한 한 명이 되기 위해 노력해야 한다.

그리고 그 전문 분야에서 자신만의 꿈을 만들어야 한다.

그래야 꿈을 이루면서 동시에 멋진 삶을 살 수 있다.

청춘은 젊고 날씬해서 아름다운 게 아니라, 도전하기 때문에 아름답다.

• • • • •

화려한 인생을 살던 사람이 죽음을 앞두면 어떤 심정일까?

나에게 죽음은 두렵거나 어쩔 수 없는 것이 아니라 편안한 일이다.

마치 낮에 실컷 뛰놀던 아이가 밤에 단잠을 자는 것처럼 말이다.

그러나 청춘을 멋지게 보내지 않았다면 서운하지 않겠는가.

마음에 든 이성을 앞에 두고 고백은커녕 데이트도 못 했다면 어떻겠는가?

반드시 해야 할 일에 용기 있게 나서지 못했다면 어떻겠는가?

죽음 앞에서는 후회해도 소용없다.

다섯. 삶이 힘든 나에게

한번 꺼진 생명을 되살릴 수 없듯, 잘못된 인생도 다시 시작할 수 없다.

제2차 세계대전이 발발하자, 철학자들은 생명의 의미를 생각했다.
이 위중한 시기에 위대한 철학이 대거 탄생했다.
그중 실존주의가 가장 큰 영향을 끼쳤다.
전쟁으로 많은 젊은이가 목숨을 잃자 노년까지 사는 일은 불가능해 보였다.
노년은커녕 내일도 보장할 수 없었다.
"내일 죽는다면, 내게 가장 소중한 것은 무엇인가?"

죽음을 앞에 두면 사물의 존재 가치가 적나라하게 드러난다.
내일 죽는다면 돈, 권력, 사랑이 그렇게 중요할까?
생명에 끝이 있다는 사실을 인식해야 사물의 가치를 바로 볼 수 있다.
그래서 죽음은 모든 종교의 중요한 명제다.

그런데도 삶과 죽음은 언제나 인간의 자연적인 흐름이다.
그러니 죽음부터 따질 필요가 있겠는가?
부모에게 효도하고 자식에게 희생하며 친구에게 헌신하면 될 일이다.
이런 생각을 하는 사람들은 생명의 끝자락조차 대범하게 받아들인다.
조용히 떨어지는 가을의 낙엽처럼, 아름답고 편안하게.

66
생각은 어려지는데
마음이 늙어가는 것보다 슬픈 일은 없다.
99

_ 캐나다 작가, 마거릿 애트우드Margaret Atwood

다섯. 삶이 힘든 나에게

2.
계획은
변화가
아니다

• • • • •

꿈과 현실이 다르다고 생각하는가?

꿈과 현실은 다른 것이 아니다.

다르다고 생각한다면 정말 원하는 삶을 용기 있게 선택한 적이 없는
것이다.

과연 원하는 삶을 위해 얼마나 많은 노력을 했는지 자문하라.

새해가 되면 우리는 늘 계획을 세운다.

이것은 무엇을 해야 내 인생이 바뀔지 고민한 흔적이다.

하지만 그저 쓰고 지우기를 반복할 뿐이다.

그렇게 계획을 세워도 삶에 원하는 변화는 오지 않는다.

계획을 세우는 이유는 이조차 하지 않으면 변화가 오지 않을 것 같
기 때문이다.

다섯. 삶이 힘든 나에게

계획을 세우기 위해 한 노력을 생각해보라.
그리고 계획을 이루기 위해 한 노력을 생각해보라.
그러면 실패의 원인을 금세 알 것이다.

삶에 큰 성취를 이룬 사람들의 이면에는 엄청난 노력이 숨어 있다.
베컴 *David Beckham* 은 어렸을 때부터 공원에서 매일 축구 연습을 했다.
단 하루도 거르지 않자, 가족들은 차라리 공원에서 살라고 했다.
베컴은 축구 선수가 되는 것이 꿈이었다.
그래서 꿈을 이루기 위해 자신의 모든 열정을 축구에 쏟았다.

우리는 삶을 모두 바쳐야 진짜 삶을 얻을 수 있다.
풍요로운 삶을 살고 싶다면 먼저 시간과 노력을 들여야 한다.
나아가 인생 전부를 자신의 꿈을 이루는 데 써야 한다.
그래야 삶이 주는 선물을 받을 수 있다.

• • • • •

사람들은 꿈과 현실이 다르다고 생각한다.
그래서 현실에서 꿈을 이루기는 어렵다고 생각한다.
사람들은 원하지도 않는 일에 모든 노력을 쏟아붓고 겨우 먹고살 만큼 돈을 번다.
퇴근하면 지친 몸을 이끌고 집에 오거나 친구와 술을 마신다.

이렇게 살면서 무슨 이상理想과 꿈을 말하는가?

꿈도 꿔야 이룰 수 있다.
"아, 꿈이 있어 행복해! 하지만 생활이 좀 나아지면 그때 꿈을 이뤄
야지!"
나도 이 말을 귀에 못이 박이도록 들었다.
사람들이 말하는 '생활이 좀 나아지는 때'는 도대체 언제인가?

꿈과 현실은 다른 것이 아니다.
다르다고 생각한다면 정말 원하는 삶을 용기 있게 선택한 적이 없는
것이다.
과연 원하는 삶을 위해 얼마나 많은 노력을 했는지 자문하라.
삶이 이상적이지 않다면 바꾸기 위해 도전해야 한다.
삶에 원하는 변화가 생길 때까지 포기하지 말고 노력해야 한다.
쓰러진다 해도 온 힘을 다해 자신의 꿈을 향해 다시 걸어가야 한다.

벤저민 프랭클린은 이렇게 말했다.
"시간을 낭비하지 마라.
왜냐하면, 시간이야말로 인생을 만드는 재료이기 때문이다."
시간을 낭비하는 것은 곧 삶을 낭비하는 것이다.
여러분에게는 얼마나 많은 삶이 있길래 시간을 낭비하는가?

가장 하고 싶은 일에 자기 인생을 쏟아야 떳떳할 수 있다.

인생의 목표를 위해 얼마나 노력했는지 생각해보라.

그동안 세상에 불평불만을 하느라 꿈은 저만치 멀어져갔을 것이다.

시간을 낭비하는 일은 인생을 낭비하는 일이다.

내가 좋아하는 일, 내가 행복한 일에 시간을 써라.

꿈을 좇는 일에 시간을 써야 알찬 인생이 만들어진다.

이제 불평불만이 아니라 어떤 행동을 해야 하는지 생각하라.

이런 생각에서부터 삶이 성장하고 인생이 열린다.

• • • • •

미하이 칙센트미하이*Mihaly Csikszentmihalyi*는 좋아하는 일을 할 때 '몰입'을 경험한다고 했다.

"몰입은 더 많은 엔도르핀과 아드레날린을 분비한다.

이는 집중력과 인내력을 갖게 하며 놀라운 창의력을 발휘하게 한다."

이 말은 열정이 집중력을 향상하며, 피로를 잊게 해주는 묘약이라는 의미다.

성공철학의 거장 나폴레온 힐*Napoleon Hill*도 이렇게 말했다.

"노력의 꽃은 포기하지 않을 때 꽃망울을 활짝 터트린다."

베토벤*Ludwig van Beethoven*은 46세에 청력을 잃었다.

베토벤은 소리를 들을 수 없었지만, 남은 인생을 더욱 음악에 쏟아부었다.

귀가 들리지 않는다고 슬퍼할 시간조차 없었다.

베토벤은 위대한 정신으로 악성樂聖이라는 명성을 얻었다.

또한, 자신은 듣지 못했던 〈운명〉 교향곡은 누구나 듣는 음악이 되었다.

삶은 길이를 늘일 수는 없지만, 폭은 넓힐 수 있다.

육상 선수 윌마 루돌프*Wilma Glodean Rudolph*는 형제자매 중 스무 번째로 태어났다.

그녀는 조산아였으며 어려서 소아마비를 앓아 제대로 걷지 못했다.

그녀는 아홉 살에 다리에 박은 철심을 제거하고 걷는 연습을 시작했다.

열세 살에는 기적이라고 말할 만큼 놀라운 걷기 능력을 보여주었다.

그녀는 달리기 선수가 되기로 했다.

윌마는 열여섯 살에 멜버른 올림픽 400m 계주에서 동메달을 획득했다.

4년 후, 로마 올림픽에서는 100m, 200m, 400m 계주에서 우승했다.

사람들은 그녀가 다시는 걸을 수 없다고 했지만, 걷는 것은 한계가 아니었다.

그녀는 어머니의 말을 굳게 믿었고, 자신에게 당당해지고 싶었다.

다섯. 삶이 힘든 나에게

"어렸을 때 어머니가 가르쳐주셨어요.
어떠한 목표도 반드시 이룰 수 있다고 믿으라고요.
그래서 저는 목발을 짚지 않고 걸었고 달렸지요."

그녀는 장애조차 굴하지 않았다.
어떻게 하면 장애를 극복할지 생각하며 사람들의 편견을 깨뜨렸다.
어린 그녀가 얼마나 강인한 정신력과 인내력을 가졌는가?
나도 삶을 온전히 쏟아부어 꿈을 이루어야 하지 않겠는가!

66
운명을 초월하는 여정은 고단하지만,
결국 하늘에 닿을 것이다.
99

_ 미국 작가, 헨리 데이비드 소로Henry David Thoreau

3.
사랑과 일의 가치

• • • • •

인간은 누군가를 사랑하고 누군가로부터 사랑받아야 존재 가치를
느낀다.
또한, 우리는 일을 통해 존재 가치를 증명한다.
그러므로 사랑과 일, 두 가지 모두 없어서는 안 된다.
만약 둘 중 하나라도 없으면 삶이 고통스러워진다.

더 많이 소유할수록 행복하다고 느낀 적이 있을 것이다.
돈이 생기면 돈이 더 많아야 행복하고, 성공할수록 더 성공해야 행복
하다.
이처럼 사람들은 더 많이 가져야 세상이 아름답다고 여긴다.
하지만 가진 것이 많으면 그것을 잃을까 두려운 법이다.

세상은 아름다운 것으로만 만들어진 게 아니다.

그래서 달콤했던 기억보다 가슴 아팠던 기억을 잊으면 안 된다.
슬픔을 겪어보지 못한 사람은 감동을 모른다.
헤어짐이 있어야 새로운 만남이 생기고, 아파야 건강의 소중함을
안다.

뜨거운 열정으로 삶의 매 순간을 마주하라.
누구나 인생에서 반드시 거치는 여정이 좌절이다.
고난에서 깨달음을 얻으면 좌절을 삶의 동력으로 바꿀 수 있다.
이 세상을 사랑하고 모든 여정을 진심으로 받아들일 때 삶은 완성
된다.

열정이 부족한 사람은 세상을 어떻게 마주할까?
그들은 세상에서 벌어지는 일에 관심이 없다.
세상을 변화시키려는 생각조차 하지 않는다.
이러한 사람들이 진정으로 세상을 사는 것일까?

• • • • •

삶을 어떻게 생각하느냐에 따라 삶의 본질이 변한다.
해외여행을 좋아하는 친구는 휴가 때마다 해외여행을 간다.
그 일주일을 제외하고는 불만 가득한 회사 이야기를 한다.
그 친구는 일 년 중에 일주일만 살아 있다고 할 수 있다.

그에게 아름다운 추억은 고작 일주일이고 나머지는 지옥이다.

삶은 환경이 아니라 태도에 따라 달라진다.

심리학자 지그문트 프로이트 *Sigmund Freud*는 말했다.

"인생에 두 가지 중요한 일이 있는데, 바로 사랑과 일이다."

인간은 누군가를 사랑하고 누군가로부터 사랑받아야 존재 가치를
느낀다.

또한, 우리는 일을 통해 존재 가치를 증명한다.

그러므로 사랑과 일, 두 가지 모두 없어서는 안 된다.

만약 둘 중 하나라도 없으면 삶이 고통스러워진다.

해외여행을 좋아하는 그 친구에게 일은 생계 수단에 불과하다.

그가 해외여행을 하는 일주일이 행복한 이유는 무엇일까?

그것은 여행이 신비롭고 재미있어서가 아니다.

오로지 그 시간만큼은 짜증스런 회사 일에서 벗어날 수 있기 때문
이다.

작가 싱린쯔杏林子는 열두 살에 관절염에 걸렸다.

그녀는 고통 속에 움직이지 못하는 자신을 보며 죽는 게 낫다고 생
각했다.

하지만 죽음을 기다리는 동안 자신을 붙들어줄 신앙을 만났다.

그녀는 생명은 모두 소중하며 가치 있다는 사실을 깨달았다.

그 후 싱린쯔는 글을 쓰기 시작했다.
나무에 다리를 묶으면서까지 고통을 참으며 글을 썼다.
〈행림소기杏林小記〉, 〈생지가生之歌〉, 〈생지송生之頌〉이 그 작품이다.
그녀의 글은 낙천적인 생명의 힘이 넘친다.

사람들은 현실을 바꿀 수 없다고 생각하며 늘 같은 삶을 산다.
이렇게 생각하는 사람들은 용기와 인내심이 부족하다.
자신이 하고 싶은 일을 하는 것은 생각만큼 어려운 일이 아니다.
문제는 그 일을 진심으로 하고 싶은지, 포기하지 않을 수 있는지에
달렸다.

누구나 짜증이 나기 시작하면 삶이 의미 없다고 느낀다.
맛있는 음식도 맛이 없고 포근한 이불 속에서도 잠이 오지 않는다.
따사로운 아침 햇살이 내리쬐어도 일어날 힘이 없다.
그렇게 세상일에 무관심한 채 자기 세상에 갇혀 살아가게 된다.

심리학자 칼 융이 말했다.
"나를 찾는 환자 3분의 1은 병의 원인을 모른다.
그들은 삶의 의미를 찾지 못하며, 자신을 불쌍하게 여긴다."
깊은 구렁에서 나와 어울리고 서로 돕고 상대방의 즐거움에 물들
어라.
내가 다른 사람을 행복하게 해주면 그들도 도울 것이다.

다섯. 삶이 힘든 나에게

한나라 소열황제昭烈皇帝 유비劉備가 죽음을 앞두고 아들에게 말했다.
"착한 일은 아무리 작은 것이라도 행하고, 나쁜 일은 아무리 작은 것
이라도 하지 마라."
사소한 잘못도 잘못이므로 좋지 않은 영향을 미친다.
삶에서 발생하는 모든 일은 크든 작든 삶의 방향에 영향을 미친다.
그러므로 모든 일에 가볍게 행동해서는 안 된다.

한 여성이 8시간이나 걸려 병원에 도착했는데, 병원비가 모자라 진
료를 거부당했다.
한 수행자가 병문안을 왔다가 바닥에 흥건한 핏자국을 보았다.
이 핏자국에 관한 사연을 알고 수행자는 병원을 세우기로 했다.
그곳 가난한 사람들이 의료 혜택을 받을 수 있도록 해주고 싶었다.
수행자와 제자는 기부금으로 자제慈濟 병원을 설립했다.

한 사람의 선한 생각이 만든 효과는 상상할 수 없을 만큼 크다.
선한 생각이 일으킨 물결은 돌고 돌아 많은 사람에게 긍정적인 영향
을 끼친다.
내가 이 세상을 위해 얼마나 힘을 쏟을 수 있는지 생각해보라.
다른 사람의 보답이 무슨 상관이겠는가?

영국의 문학가 새뮤얼 존슨Samuel Johnson은 말했다.
"감사는 대단한 수양의 열매다.

교양을 익히지 않은 사람에게 감사라는 열매는 맺히지 않는다."
다른 사람을 돕는 기쁨을 누리고, 함께 사는 이 세계를 알기 위해 노력하라.
불평불만은 이제 멈추고 나를 변화시켜라.

66
친절은 베풀기 쉽지만,
변함없는 마음을 갖기는 어렵다.
99

_ 대만 종교인, 쩡이앤釋證嚴

다섯. 삶이 힘든 나에게

4.

두려움을

마주하라

• • • • •

인생은 돌아올 수 없는 일방통행이다.

장애물을 만나면 두렵고 우울해져 한 걸음도 나아가지 못한다.

하지만, 이를 넘어서지 못하면 고통 속에 계속 머물러야 한다.

그래서 자신이 두려워하는 장애물을 똑바로 보아야 한다.

그리고 두려움을 용기 있게 마주해 전진해야 한다.

사람들은 실의에 빠지면 인생이 허무하고 무의미하다고 생각한다.

그래서 공허한 마음을 술로, 친구로 달래느라 시간을 허비한다.

이렇게 하면 공허함을 채울 수 있다고 믿지만, 오히려 공허함이 커

진다.

공허함을 채우려고 애쓰지 마라.

행복의 울림은 여백의 깊은 곳에서 나온다.

사람들은 물질적 만족을 채우느라 정신이 없다.
차 한 잔을 마시거나 주변 풍경을 둘러볼 시간이 없다.
무엇보다 자기 내면의 소리에 귀를 기울일 여유가 없다.

내 친구는 졸업하고 직장에 다니고 싶지 않아 대학원에 진학했다.
그런데 지금까지 논문조차 쓰지 않았다.
사십 대가 된 지금, 그는 꿈도 희망도 없다면서 한숨을 쉰다.
그는 수면제를 먹지 않으면 잠도 자지 못한다.

대부분 사람에게 마흔은 놀거나 신세를 한탄할 여유가 없다.
물론 이들의 마음도 때로는 공허하다.
하지만 공허함을 채우려고 발버둥 치지 않는다.
오히려 어떻게 하면 삶을 아름답게 창조할지 생각한다.

내 친구는 실패한 삶만 보며 불만만 쌓았다.
내면의 소리는 듣지도 않고 껍데기만 보았다.
그가 이 고통에서 벗어나는 방법은 무엇일까?
그것은 삶의 가치를 만들라는 내면의 소리에 귀를 기울이는 것이다.

• • • • •

셰릴 스트레이드 *Cheryl Strayed*가 〈와일드 *Wild*〉에서 한 말이다.

그녀는 어머니가 돌아가신 충격에서 벗어나고자 장기 단독 산행을 결심했다.

그녀는 마약과 방탕한 생활에서 벗어나기로 했다.

자신을 되돌아보고 예전의 자신으로 돌아가길 바라며 홀로 길을 나섰다.

내면 깊은 곳의 소리를 찾아 나선 것이다.

셰릴 스트레이드는 이렇게 말했다.

"어려운 상황도 받아들이면 어느 정도는 해결된다는 것을 깨달았습니다.

한 걸음 내디디면 어쨌든 또 한 걸음을 가게 되는 것이지요.

그러면 진실도 나를 따라 모습을 드러냅니다.

우리는 모두 고통스럽고 해결하기 어려운 문제를 가졌습니다.

하지만 이것도 인생의 한 부분입니다.

이 사실을 이해한 것이 저에게는 가장 의미 있는 일이었습니다."

'받아들이기'는 상처를 치유하는 첫걸음이자 가장 중요한 과정이다.

받아들이기가 상처를 치유하는 데 왜 중요할까?

아픔과 상처에서 도망치려고만 하면 한 걸음도 나아가지 못하기 때문이다.

그녀는 슬픔과 아픔이 밀려와도 이겨낼 수 있을 때까지 걷고 또 걸었다.

다섯. 삶이 힘든 나에게

나라면 어떤 선택을 했을까?

어떤 경험이든 그것은 인생의 한 부분이다.

세상 모든 사람이 인생이라는 일방통행 길을 홀로 걷고 있다.

장애물에 불만만 터뜨리거나 우울하게 보내면 한 걸음도 나아가지 못한다.

장애물을 넘어서지 못하면 고통 속에 계속 머물러야 한다.

그녀의 도보 여행은 소로 *Henry David Thoreau* 가 말한 '운명을 초월하는 여정'이었다.

이 여정은 매우 외롭고 힘들다.

하지만 마음속의 두려움과 고통을 용기 있게 마주하는 길이기도 하다.

그러면 가장 진실하고 아름다운 내면의 소리를 경험하게 된다.

고통의 여정은 상처와 아픔을 내려놓고 인생을 마주할 방법을 깨닫게 한다.

마크 트웨인 *Mark Twain* 은 말했다.

"용기 있는 사람은 두려움이 없는 게 아니라 두려움을 이겨낸 것이다."

인간은 나약하고 겁이 많다.

특히, 알 수 없는 미래를 두려워한다.

하지만 자신이 두려워하는 것을 똑바로 보아야 두려움이 사라진다.

무엇보다 두려움을 용기 있게 마주해야 전진할 수 있다.

• • • • •

헬렌 켈러*Helen Keller*가 말했다.

"인생에 극복할 장애가 없다면 장애를 극복한 기쁨은 누리지 못합니다.

힘들게 산을 넘지 않고 정상에 도달하면 쾌감을 느끼지 못하는 것처럼 말입니다."

사람들은 이 말을 단순히 위로의 말로 여긴다.

하지만 인생은 그녀의 말과 같다.

시련을 경험하지 않으면 삶의 힘을 어디에서 끌어낼 수 있겠는가?

성공은 편하고 순탄한 환경에서 이루어지지 않는다.

자신의 한계에 끝없이 도전해야 성공에 도달할 수 있다.

성공한 사람들은 결점을 극복하고 잠재력을 깨워 성공을 이루었다.

사람에게 장애가 없다면 어떻게 동기를 만들고 어떻게 성공하겠는가?

무엇보다, 장애를 극복하고 얻은 성공이 더 값지다.

의미 없는 것들로 삶을 채우지 마라.

그러려면 차라리 삶의 여백을 제자리에 남겨둬라.

한번 지나간 시간은 다시 오지 않는다.

그러므로 삶의 여백조차도 진지하게 대해야 한다.

작가 루이스 라모르*Louis L'Amour*는 원고를 350번이나 거절당했다.

그가 거절당할 때마다 원고를 집어던졌을까?

그는 원고에 어떤 문제가 있는지 꼼꼼하게 살피며 간절한 마음으로 수정했다.

루이스의 글은 이런 과정을 겪으며 베스트셀러가 되었다.

실패했을 때 화를 참기는 어렵다.

하지만 '포기'는 신중히 해야 한다.

포기하는 순간 성공의 기회도 날아가기 때문이다.

그러므로 좌절이 견디기 힘들다고 소극적으로 대처해서는 안 된다.

그렇게 하면 좌절을 통해 배운 가치마저 잃게 된다.

잠시 멈추고 마음을 가라앉히고 내면 가장 깊은 곳에서 울리는 소리를 들어라.

그것이 미래이자 희망이다.

66

인간에게는 '도망칠 출구'가 아니라
'당당하게 들어갈 입구'가 필요하다.

99

_ 미국 작가, 셰릴 스트레이드Cheryl Strayed

5.
삶의
길이와
깊이

• • • • •

육체적 고통은 순간이고 죽으면 고통도 사라진다.

하지만 사람이 남긴 아름다움은 영원하다.

아름다움은 영원에 머물며 사람들의 마음에 전해진다.

나는 사랑하는 사람과 오래 함께하고 싶어서 오래 살고 싶다.

하지만 평소에 나는 사랑하는 사람을 진심으로 대하지 않았다.

순간을 두려워하지 마라.

좋은 기억이든 나쁜 기억이든 추억으로 남을 것이다.

영원은 현재가 쌓이고 쌓여 이루어진다.

"사람들의 짧은 삶은 갠지스 강의 모래알과 같다.

모래 한 줌을 집으면 무수한 모래가 손가락 사이로 빠져나간다."

인간의 삶은 찰나에 지나지 않아 한순간에 사라져버린다.

그러니 고통과 집념을 붙잡는 게 얼마나 우스운 일인가?
어쨌든 모든 것은 지나간다.
아무리 오래 살려고 발버둥을 쳐도 삶은 언젠가 끝난다.
나의 삶이 끝나면 무엇이 남을 것인가?

• • • • •

화가 르누아르 *Pierre-Auguste Renoir* 는 말년에 관절염을 앓았다.
그래서 특수 제작한 휠체어가 없이는 생활이 어려웠다.
그때 동료 화가 앙리 마티스 *Henri Matisse* 가 그를 찾았다.
그는 르누아르가 매일 고통을 참아가며 그림을 그리는 것을 보고 물었다.
"그렇게 고통스러워하면서 왜 계속 그림을 그리나?"
"고통은 지나가지만, 아름다움은 남는다네."

마티스는 르누아르의 말에 뒤통수를 맞은 기분이었다.
그때부터 마티스도 열정적으로 작업에 몰두했다.
르누아르는 관절염 따위에 작업을 포기할 사람이 아니었다.
마치 그의 삶은 그가 그려낸 맑고 깨끗한 색채와 같았다.

르누아르는 알고 있었다.
고통은 죽으면 사라지지만, 아름다움은 영원히 남는다는 사실을.

만약 그가 그림을 그리지 않았다면 어땠을까?

그가 남길 수 있었던 아름다움도 고통을 따라 영원히 사라졌을 것이다.

사람은 누구나 언젠가 죽는다.

하지만, 사람이 남긴 아름다움은 영원하다.

그래서 그들은 어떤 시련이 닥쳐도 이겨낸다.

피할 수 없다면 받아들이고, 최악의 상황에서도 해결의 실마리를 찾는다.

그러니 세월의 흐름을 두려워하지 말고 이루어야 할 일을 생각하라.

단 하루라도 의미 있게 사는 것이 아무것도 하지 않는 기나긴 삶보다 낫다.

• • • • •

죽음을 앞둔 사람들은 이런 말을 한다.

"그동안 살며 겪은 일들이 주마등처럼 스친다."

그래서 풍요로운 삶을 얻으려면 하루하루를 진지하게 보내야 한다.

또한, 사랑하는 사람과 아름다운 추억을 만들기 위해 노력해야 한다.

그들에게 상처 주는 말을 하거나 후회할 일을 해서는 안 된다.

아름다운 추억을 늘려야지 수명만 늘리는 것이 무슨 의미가 있겠는가?

삶의 아름다움은 길이가 아니라 깊이에 있다.

인간에게 장수는 사는 시간을 연장하는 것이다.
그러나 고통 속에 사는 사람은 빨리 죽어 고통에서 벗어나기를 바랄
것이다.
이러한 사람에게 장수가 무슨 의미가 있겠는가?
그러니 남겨진 과제는 삶을 어떻게 아름답게 바꿀 것인지다.

사랑하는 사람의 삶을 따뜻하게 안아주자.
사람들은 사랑하는 사람과 오래 함께하고 싶어서 오래 살려고 한다.
하지만 평소에 그들은 사랑하는 사람을 진심으로 대하지 않는다.
그러면서 삶이 늘어난들 무슨 소용이 있겠는가?

66
고통은 지나가지만,
아름다움은 남는다.
99

_ 프랑스 화가, 피에르 오귀스트 르누아르Pierre-Auguste Renoir

다섯. 삶이 힘든 나에게

6.

가지
않은
길로
가라

• • • • •

한 사람이 하루 동안 하는 일은 완두콩이 꼬투리에서 콩을 날리는
일과 같다.
어떤 것은 성공하고 어떤 것은 다른 사람 때문에 망친다.
작은 숫자지만 어떤 콩은 떨어져 꽃이 피고 열매를 맺는다.
완두콩이 편안한 꼬투리 속에만 있는 것은 불가능하다.
완두콩도 때가 되면 꼬투리에서 나와 미지의 세계와 홀로 마주해야
한다.

매일 아침 눈을 뜨면 어떤 하루가 펼쳐질지 기대되는가?
하루를 마무리하고 나서 돌아보면 어떤 기분이 드는가?
대부분은 오늘과 어제가 별 차이가 없다고 느낀다.
어제 생긴 일이 오늘도 똑같이 생기기 때문이다.

다섯. 삶이 힘든 나에게

그래서 사람들은 미래에 희망을 품고 변화가 생기기를 기대한다.
하지만 내일은 오늘과 어제가 결정한다는 사실을 기억하라.
우리가 마음대로 할 수 있는 것은 오직 오늘뿐이다.
인생은 흙과 같아서 일구지 않은 땅에는 씨를 뿌릴 수 없다.
오늘 땅을 일구면 내일은 씨를 뿌릴 수 있다.

• • • • •

미하일 숄로호프*Mikhail Sholokhov*의 〈처녀지處女地〉 첫 부분이다.
한 농부가 얼음으로 뒤덮인 땅을 보며 말했다.
"이 땅을 일구지 않으면 아무것도 나오지 않겠지."
농부는 누렇게 익은 보리가 바람결에 흔들리는 황금 들판을 기대
한다.
하지만 농부는 이것이 현재가 아닌 미래라는 사실을 잘 안다.
그는 지금 쟁기로 척박한 땅을 파헤치고 씨를 뿌려야 한다.

게으름을 피우지 말고 일해야 꿈을 이룰 수 있다.
노력한다고 해서 반드시 수확이 있는 것도 아니다.
아무리 고군분투해도 날씨가 좋지 않으면 모든 노력이 수포가 된다.
그러나 농부는 희망을 품고 미래를 그리며 계속 노력한다.

미래는 아름다울 수도 있고 비극적일 수도 있다.

하지만 우리는 소설 속의 농부처럼 오늘을 마주해야 한다.
그리고 오늘 이 척박한 땅을 일궈야 한다.
오늘은 모든 것의 시작이니 그 오늘을 의미 있게 보내야 한다.

어느 순간, 노력해도 소용없다고 느낀 적이 있는가?
만약 그렇다면 내 삶을 척박한 땅이라고 생각하자.
하루에 겨우 한 이랑을 일궜을지라도 작은 변화가 생겼다면 계속하자.
아무리 척박하고 광활한 땅도 언젠가는 다 일굴 수 있다.

하루하루가 힘들다면 하루하루에 최선을 다하자.
오늘 할 일을 하나씩 끝내는 것이다.
삶이 아무리 힘들어도 오늘만 지나면 된다.
〈바람과 함께 사라지다〉의 스칼렛 오하라의 대사를 이해하게 될 것
이다.
"내일은 내일의 태양이 떠오른다."

• • • • •

안데르센*Hans Andersen*의 〈완두콩 오 형제〉를 읽은 적이 있다.
그때는 어려서 동화의 교훈을 잘 이해하지 못했다.
어른이 되어 다시 읽어보니 안데르센은 대단한 작가였다.
이제 그가 쓴 동화책이 얼마나 깊은 의미를 담았는지 알게 되었다.

다섯. 삶이 힘든 나에게

"개성이 다른 완두콩 오 형제가 한 꼬투리에 살고 있었다.

쑥쑥 자라 꼬투리가 비좁아지자 오 형제는 불만이 쌓이기 시작했다.

어느 날, 콩 줄기에서 떨어져 오 형제는 한 소년의 주머니 속으로 들어갔다.

소년은 완두콩을 고무줄 총에 걸어 총알로 쏘며 놀았다.

완두콩 오 형제는 제각각 멀리 날아갔다.

그중 다섯째 완두콩은 아픈 소녀의 집 근처에 떨어졌다.

소녀는 완두콩이 자라는 것을 보며 건강을 조금씩 회복했다.

그렇게 다섯째는 무럭무럭 자라 사람들에게 행복을 전해주는 꽃을 피웠다."

이것이 바로 기회다.

나도 완두콩과 같다.

어디에 떨어져 어떤 모습으로 성장할지 아무도 모른다.

그러므로 인생의 여정에서 세상을 감상하며 성실하게 살면 된다.

물 위를 떠다니게 되면 즐겁게 노래를 부르면 된다.

새의 먹잇감이 되면 새를 따라 하늘을 날면 된다.

오 형제 중 막내 완두콩 한 알만 꽃을 피웠지만, 모두 행복했을 것이다.

그들은 보고 싶었던 세상을 보며 원하는 삶을 살았을 것이다.

나의 인생을 결정해주는 사람은 없다.

한 사람이 하루 동안 하는 일은 완두콩이 꼬투리에서 콩을 날리는 일과 같다.

어떤 것은 성공하고 어떤 것은 다른 사람 때문에 망친다.

작은 숫자지만 어떤 콩은 떨어져 꽃이 피고 열매를 맺는다.

완두콩이 편안한 꼬투리 속에만 있는 것은 불가능하다.

완두콩도 때가 되면 꼬투리에서 나와 미지의 세계와 홀로 마주해야 한다.

지금 어떤 길을 가든 두려워하지 마라.

끝까지 가보지 않으면 그곳에 무엇이 있을지 아무도 모른다.

길은 길일 뿐이다.

삶이 망가질 것 같은 생각이 들겠지만, 새로운 시작도 언제든 할 수 있다.

미지의 세계로 씩씩하게 걸어가라.

길을 가다 보면 즐겁고 의미 있게 살아야겠다는 다짐이 생길 것이다.

그리고 마음속으로 바랐던 아름다운 삶을 걷게 될 것이다.

그날, 눈물과 땀으로 얼룩진 지난날의 고생이 그리울 것이다.

다섯. 삶이 힘든 나에게

66

나는 한 알의 씨앗에 큰 믿음을 갖고 있다.
당신에게 씨앗이 있다고 믿게 되면
나는 놀라운 일이 벌어지리라고 기대할 것이다.

99

_ 미국 작가, 헨리 데이비드 소로Henry David Thoreau

7.
행복에
취하지
마라

• • • • •

일부러 아름다움을 남겨두려고 하지 마라.

그런 잘못된 생각 때문에 자연의 본성도 어그러진다.

사람은 얻는 동시에 잃을 것도 생각해야 한다.

그리고 잃는다 하더라도 안타까워할 필요가 없다.

얻는 것과 잃는 것은 생각의 차이일 뿐이다.

누구나 이상적인 목적지에 도착하기를 바란다.

하지만, 온갖 장애물과 방해로 앞으로 나아가지 못한다.

하지만 그냥 가라.

사람들이 전진하지 못하는 이유는 눈앞의 작은 성공에 연연하기 때문이다.

실패보다 자만이 자신을 옭아매는 함정이다.

이것이 아니라면 아름다웠던 추억에 취해 있기 때문이다.
과거에 집착하면 행복한 기억만 떠오른다.
실패를 잊은 행복한 기억은 앞으로 나아가지 못하게 하는 장애물
이다.

• • • • •

자만은 발전을 가로막는다.
자만하는 사람은 자아도취에 빠진다.
이들은 다른 사람을 비웃느라 맹렬하게 쫓는 사람을 보지 못한다.
내가 경계할 사람은 바로 나다.

다른 사람의 관심을 받으려고 멈추지 마라.
아름다운 풍경에 미련을 두고 걸음을 멈추지 마라.
목표를 향해 묵묵히 걸으면 아름다운 것들이 주변에 쌓인다.
아름다운 것들을 남겨둘 생각을 하면 오히려 더 쉽게 잃는다.

거북이는 토끼와의 경주에서 운 때문에 이겼을까?
토끼가 거북이를 얕보지 않았다면 거북이는 이길 수 없었다.
토끼가 자만하지 않을 것을 알았다면 할 필요가 없는 경주였다.
하지만, 거북이는 토끼의 자만을 정확하게 읽었기 때문에 이긴 것
이다.

거북이에게 느린 속도는 문제가 되지 않았다.

거북이는 결승점을 향해 한 걸음 한 걸음, 끝까지 기어가 승리했다.

나는 나를 거북이로 생각해야 한다.

내 능력과 목표를 제대로 파악하고 묵묵히 앞을 향해 나아가면 된다.

승리의 기회가 올지 오지 않을지를 따지지 마라.

월터 미셸*Walter Mischel*은 네 살짜리 아이들에게 마시멜로 실험을 했다.

아이들에게 15분 동안 마시멜로를 먹지 않고 참으면 하나를 더 주겠다고 했다.

아이의 3분의 2는 참지 못하고 마시멜로를 먹었다.

하지만, 나머지 3분의 1은 마시멜로를 먹지 않았다.

아이들은 어떻게 자랐을까?

마시멜로를 먹지 않았던 아이들은 자기 절제력을 갖췄다.

그들은 대학입시에서 마시멜로를 먹은 아이들보다 200점이나 높은 성적을 보였다.

그들은 인간관계도 원만하고 사회 적응력도 뛰어났다.

반면에 마시멜로를 먹은 아이는 소수만 성공했다.

순간의 작은 성공이 주는 기쁨에 빠지지 마라.

마시멜로를 먹은 아이들처럼 자신을 통제하지 못하게 된다.

작은 성공을 뒤에서 무섭게 따라오는 사자라고 생각하라.

작은 성공을 돌아보지 말고 목표를 향해 묵묵히 걸어가라.

• • • • •

사람들은 아름다웠던 순간에 지나치게 집착한다.
기회만 되면 화려하고 아름다웠던 시절로 돌아가려고 애쓴다.
스타들도 과거의 아름다웠던 시절로 돌아가기 위해 애쓴다.
하지만, 이런 일은 현실적으로 불가능한 일이다.

노자老子의 〈도덕경道德經〉은 이렇게 가르친다.
"사람들이 아름다운 것을 아름다운 것으로 알고 있는 것, 이것이 추한 것이다."
세상 사람들이 아름다움에 집착하는 모습이 아름답지 않다는 뜻이다.
즉, 사물의 본질이 아름답지 않은 게 아니라 집착이 아름답지 않게 만든다.

일부러 아름다움을 남겨두려고 하지 마라.
그런 잘못된 생각 때문에 자연의 본성도 어그러진다.
사람은 얻는 동시에 잃을 것도 생각해야 한다.
그리고 잃는다 하더라도 안타까워할 필요가 없다.
얻는 것과 잃는 것은 생각의 차이일 뿐이다.

불행과 행복은 인생에서 반드시 겪는 일이다.

불행도 결국은 지나가고 행복했던 추억도 지나간다.

그러니 우리는 계획한 삶을 따라 앞으로 걸어가면 된다.

마음의 문을 활짝 열고 삶에서 만나는 미지의 길을 받아들여라.

불행과 행복을 모두 받아들이면 삶이 경이롭고 기쁘다.

66
밤이 아무리 길어도 아침은 온다.
99

_ 영국 극작가, 윌리엄 셰익스피어William Shakespeare